ゴルフ トッププロが信頼する!
カリスマコーチが教える

本当に強くなる基本

王貞治の一本足打法を作った
荒川博メソッドの後継者

ツアープロコーチ 辻村明志

河出書房新社

はじめに

はじめまして。

ツアープロコーチの辻村明志《つじむらはるゆき》です。このたび、生まれて初めて自分の本を出版させていただくことになりました。

まだまだ未熟の身ですが、私が普段、プロたちに教えていること、伝えていること、また一緒になって考えていることを、私なりに一生懸命書かせていただきました。

本書が少しでも、みなさんのゴルフライフのお役に立てれば幸いです。

ところで、最初にこの本の出版のお話をいただいたとき、正直、戸惑いがありました。

というのも、すでに述べたように私は本を出すには未熟者ですし、なにより特別なゴルフ理論があるわけではないからです。

このお話をいただいてから実際に何軒もの本屋さんを訪ねてみました。するとゴルフレッスン書のコーナーには、「○○理論」「□□打法」といった、アマチュアの方々はもとより、私でも好奇心をそそられる魅力的なタイトルの本が棚いっぱいに並んでいます。

そんな光景を目の当《ま》たりにして、「私などが本を出していいのか？」と、怖気《おじけ》づいてしまったのです。それがスタートでした。

ただ一方で、自分が選手たちとやっている

ことを、一冊の本として残しておきたい、という思いがなかったといえば嘘になります。というのも私が選手たちに伝え、一緒に行っている練習の多くは、日本のスポーツ界を代表する名コーチの影響を大きく受けているからです。

その人物とは、2016年12月にこの世を去られた故・荒川博《あらかわひろし》先生です。

先生を知らない人でも、王貞治《おうさだはる》さんを世界のホームラン王に導いた名伯楽といえば、その名前と顔を思い浮かべる方も多いのではないでしょうか。一本足打法の生みの親でもあり、王さんの前人未到の868本という世界記録は、一本足打法と荒川先生なくしては打ち立てられなかった大記録です。

荒川先生との出会いについては割愛しますが、お亡くなりになるまでの約半年間、私は上田桃子《うえだももこ》プロとともに、人生でもっとも濃密な時間を過ごさせていただきました。

当時、先生は85歳で、すでに心臓が半分しか動いていない健康状態でした。

にもかかわらず、

「桃子を優勝させ、ツジを一人前のコーチにするのがオレの最後の仕事」

と、私たちを先生に引きあわせてくれた方には、会うたびにこうおっしゃってくださっていたようです。

私と先生は40歳以上も歳が離れているのですが、ツジ、ツジと呼んで可愛がっていただきました。

一緒に過ごした時間は確かに短かったのですが、私は荒川博の〝最後の弟子〟であると、勝手に自負しています。

野球とゴルフ。競技こそ違いますが、先生が人生を賭けて教えてくださった打撃の極意を、少しでも世の中に伝えるのが〝最後の弟子の使命〟ではないか。そんな風に勇気を振り絞って書き上げたのが本書です。

先生から教わったことの10分の1、いや100分の1も伝えられた自信はありませんが、私なりに考え、解釈し、また実行していることを一生懸命になって書かせていただきました。

さて、荒川先生から教わった極意は、誤解を恐れずにいえばとてもシンプルなものでした。もちろん最初は目の前で起きること……たとえば名刺で割り箸を切ったり、一本足で構えた先生を私が上下左右から力いっぱい押しても引いてもビクともしなかったり……に、戸惑い、目を白黒させたこともあります。しかし、先生のお話を聞き、指導を受けると、そのとおりに体が動き、高いパフォーマンスにつながるのです。

つまり先生の教える極意とは理にかなったものであり、誰もができるのですから、それはシンプルとしかいいようがないのです。

いずれにしても私が選手たちに教えているのは、先生から教わった極意であり、私はそれを伝えているに過ぎません。

本書を天球院博譽高達居士となられた天国の荒川博先生に捧げるとともに、先生の遺伝子を読者のみなさんにお伝えします。

そんなことを踏まえて読んでいただければ幸いです。

令和元年9月

辻村明志

すべてのゴルファーを目的地にたどり着かせる。

そんな思いでゴルフに向きあっています。

ゴルフ トッププロが信頼する！

カリスマコーチが教える本当に強くなる基本

目次

序章

「論より結果」がコーチの仕事
~より高いパフォーマンスを引き出すために~

第１章

〝ちょっと〟の科学

～ボール１個でシングルになる～

第2章

プロに伝えるゴルフの奥義
～チーム辻村が追い求めるゴルフとその先～

序　章

「論より結果」がコーチの仕事

～より高いパフォーマンスを引き出すために～

コーチは選手を目的地に連れていく駅馬車である！

私の仕事は、プロゴルファーを教えているプロコーチです。

ところでみなさんは普段、スポーツ新聞やテレビのスポーツニュースなどでよく見聞きする、このコーチという言葉の意味を知っているでしょうか？

あくまでこれは一説ですが、その語源はハンガリーにあるコチ（Kocs）という町の名前が由来とか。

この町で人類で初めて、人やモノを運ぶ四輪馬車が作られました。これも町の名前にちなんでコチ（Kocsi）と呼ばれたそうです。この四輪馬車はヨーロッパ全土で人気を集め、やがて英語に転じてコーチ（Coach）になったといわれています。

さて、日本でコーチは無条件に指導者と訳されます。ですが私はあえて自分のことを駅馬車、それも選手を目的地や目標に運ぶ駅馬車だと、自分にいい聞かせています。

この本の冒頭で私には○○理論、□□打法といった、一般のゴルファーが興味をそそられるような〝特別な教え〟がない、と書きました。実際、私が選手たちと一緒にやっていることは、ごくごく当たり前のことですし、その当たり前のことを続けられるようにサポートしているにすぎません。

ただ繰り返しますが、コーチは駅馬車であり、その役割は選手を目的地に連れていくことです。選手によって掲げる目標は違いますが、選手に寄り添い、ときに引っ張りながら、確実に、少しでも早く、目的地にたどり着かせることがコーチに求められる唯一の仕事だと思っています。

私に求められるのは結果です。結果でしかありません。選手の掲げた目標が達成できなかったら、つまり目的地に到達できなかったら、たちまち選手たちは私の元を離れていくことでしょう。

コーチの仕事は「論より結果」です。私には辻村理論と呼べるような特別な教えはありませんが、どうしたら選手が結果を出せるのか、どうしたら目標に近づけるのかを、プロコーチとして真剣に考え、真摯に向き合ってきました。この点だけは、誰にも負けないつもりです。

その意味で本書は、理論を教えるものではありません。みなさんのゴルフのサポーターとなって、「結果を出すための本」だとご理解ください。

EPIC
Callaway
50
かんぽ生命
Nikon
JAGUAR
Momoko Ueda

一緒に悩み、一緒に考えて同じ山を登る

コーチと選手は一心同体。同じ目的地を目指す旅人と駅馬車であり、同志であれば当然のこと

当たり前とは、クラブに思う存分、仕事をさせること

さて、結果を出すために、私が選手たちと一緒にやっているのは、繰り返しになりますがごくごく当たり前のことです。

では、その当たり前のこととはどういうものでしょうか。

実は本書を書くにあたり、私自身もこの点について、考える機会をいただいた気がします。そして真剣に考えれば考えるほど、私が選手たちとやっている当たり前のなかに、ゴルフの本質が隠されていることに気づかされました。

結論を急ぎましょう。

いうまでもなくゴルフは、道具を使って行うスポーツです。具体的に道具とは、状況によって選ぶ14本のクラブになります。

そして、**この14本のクラブに思う存分、仕事をさせることが、私が選手と一緒に取り組んでいる〝当たり前〟です。**突き詰めればその追求こそが、選手のパフォーマンスを高め、結果につなげ、目的地に到達する唯一の方法といってもいいでしょう。

これまでの多くのレッスンやコーチングには、こうした視点が見落とされていた気がしてなりません。まるで木を見て森を見ずで、アドレス、テークバック、トップの切り返し

……と、スウィングの部分部分を切り取って教えることが大半でした。しかしスウィングとは一連の流れです。ある部分だけを切り取ってもほとんど意味はありません。

これは私自身の反省でもありますが、こうしたレッスンやコーチングが多くの誤解を生み、また多くのゴルファーを必要以上に悩ませてきました。

私のいう当たり前とは、クラブが思う存分、仕事をすることであり、グリップやアドレス、ボールポジションや体のポジション、あるいはスウィング中のすべての動きは、その目的のためだけにあるのです。

そして、この当たり前を身につけることこそが結果を出すことであり、ゴルフの上達につながると私は信じて疑いません。

すべてのコーチングは「クラブに思う存分、仕事をさせる」ため

当たり前だから誰でもできる。誰でもできるから誰もが上達できる

もっとも私がコーチをするのは、ほとんどがトーナメントに出場するプロたちです。そのため、プロたちがやるような練習は自分にはできない、と決めつけている読者も多いのではないでしょうか。

しかし、私が選手と一緒にやっているのは特別なことではありません。何度も繰り返しますが、当たり前のことです。当たり前とは、意思さえあれば誰でもできることに他なりません。つまりアマチュアの方でも、できることばかりです。

実際、私の元にはいろんなタイプ、いろんなレベルの選手が集まってきます。大柄な選手もいれば小柄な選手もいるし、体の硬い選手もいれば柔らかい選手もいます。またレベルもトーナメントで活躍する選手もいれば、まだ試合に出られない選手もいるし、これからプロを目指そうという選手もいます。

人数こそ少ないですが、あくまで趣味でゴルフを楽しんでいるアマチュアの方もいます。

さらにいえばスウィングは十人十色で、みんな個性的。それぞれがレベルやゴルフとのつき合い方によって目標は違いますが、そこに到達するために〝当たり前〟のこと、つまり、思う存分、クラブに仕事をさせることを身につけようとしているのです。

では、クラブに思う存分、仕事をさせるためには、どのような心構えで臨めばいいのでしょうか？

上田桃子プロを指導する筆者

「クラブに仕事をさせられるのはプロだけの特権ではない」。写真左から小祝《こいわい》さくら、永井《ながい》花奈《かな》、松森彩夏《まつもりあやか》プロと筆者

感覚的で抽象的なレッスン用語を、より客観的で具体的な言葉に

コーチングをしていて自分でも驚かされるのが、感覚的で抽象的な言葉を、たくさん使っていることです。そのなかで私がもっとも使っているのが、〝もうちょっと〟と〝もう少し〟という言葉でした。

あるとき、ターゲットよりも右を向いてアドレスしている選手に、

「もうちょっと左を向いて」

と後方からアドバイスしたことがありました。するとその選手は、私が思っている以上に、とんでもなく左を向いて構えたのです。

感覚的で抽象的な言葉の指導は、このような誤解を生んでしまう恐ろしさを、あらためて思い知らされました。

もちろん最近ではコーチと選手の認識のズレも、科学技術によってある程度は補えるようになりました。たとえばルール改正により、条件つきながら試合でも距離計測器が使えるようになっています。またコーチングやレッスンの現場では、トラックマンに代表される弾道計測器の普及が急速に進みました。そうした科学の進歩により、感覚的で抽象的な言葉から数値や映像が選手とコーチの共通言語となりつつあります。これは世界的なゴルフ界の潮流であり、大きな進歩といっていいでしょう。

しかしながら一方で、いくら科学的に裏づけられた数字や映像であっても限界があります。ゴルフは人間の行うスポーツですから、数字だけでは表現できない微妙な感覚もあるし、なにより選手とのコミュニケーションには言葉が不可欠です。

そうなると大事なのは感覚的で抽象的な言葉を、可能な限り客観的で具体的な言葉に換える作業になります。

具体的には〝もうちょっと〟〝もう少し〟を、誰にでも理解ができ、また誤解されることのない言葉に換えることです。

これは私がプロコーチになって以来、大きなテーマとなりました。

スマホで撮影したスウィングをチェックし、認識を共有する

プロにもアマチュアにもわかる言葉で

伝える技術がコーチには絶対に必要です。

〝ちょっと〟とは、たったボール1個の意識と我慢

さて、私は選手たちにゴルフボールを使った練習を数多くさせています。ゴルフのプロたちの練習なのだから、ゴルフボールを使うなど当たり前だという人も多いでしょう。しかし**私がやらせているのは、単に打つだけではなく、ボールを上達のための器具や道具として活用した練習です。**

というのも多くの選手をコーチングするうちに、ボールがとても重要なアイテムだと気づきました。ボールを使った具体的な練習法は次章に譲りますが、ボール1個で目的にあわせたいろんな練習法が考えられます。また、ボール1個の意識を体のなかに持つだけで、スウィングはとても良くなるのです。

前出の例で説明しましょう。

アドレスで後方から「もうちょっと左を向いて」とアドバイスした選手は、私が思った以上に大きく左を向いてしまいました。これがコーチと選手の〝もうちょっと〟のズレであり、大きなミスを誘発する原因にもなりかねません。

そこで私は、このズレを調整するために1個のボールを使います。具体的には自分の狙っていくスパッツに対し、「ボール1個分目線を左に」、あるいは「肩のラインを半個分

左に」といった具合です。

ターゲットに対して正しく構えるアライメントは、ゴルフのなかでも難しいもののひとつです。自分ではターゲットに構えているつもりでも、右を向いていたり左を向いていたり。目線がターゲットを睨んでいても、肩のラインは左、腰のラインは右、といったケースも少なくありません。

そこでボール1個を基準にするのです。というのもアライメントの誤差は、プロのレベルでもほとんどボール1個の範囲内に収まっています。

これは実際にやってみれば、すぐにわかるはずです。たとえば左肩をボール1個分、左に向けたとします。すると体は自分で思っている以上に、大きく左に向いていることが理解できるはずです。

精度が求められるショートゲームほど“ちょっと”が勝負の分かれ目

ゴルフを始めたばかりで、自分がどこを向いているかわからないというビギナーでも、その誤差はせいぜいボール2個分にすぎません。

これまで感覚的でかつ抽象的な言葉であった〝もうちょっと〟は、ボール1個を基準とするだけで共通言語となりました。

ゴルフの上達のためには、ボール1個の意識を体のなかに持つことは極めて重要であり、急務ではないでしょうか。

〝もうちょっと〟については、もうちょっとだけ説明させてください。

というのも私は、ゴルフは〝ちょっとの我慢〟が求められるスポーツだと思っています。〝やせ我慢のスポーツ〟と言い換えてもいいかもしれません。

やせ我慢とは、顔から脂汗が出るような我慢ではありません。ちょっとした我慢ですから、プロでなくても誰もができる我慢のことです。

ボール1個分、内側を振るのも“ちょっと”の我慢

フィニッシュの姿勢で3秒、“ちょっと”我慢するだけでもスウィングが締まる

荒川博が遺した、「窮屈を恐れるな」の意味

私のコーチングの多くは、故・荒川博先生の影響を受けていることはすでに述べました。生前、荒川先生からは数多くの言葉をいただきましたが、

「窮屈を恐れるな」

は、今も私の心に刻まれている名言のひとつです。

私なりに解釈すると、窮屈とはまさにちょっとの我慢、やせ我慢のことです。そして〝ちょっと〟とは、ここでもボール1個の我慢の気がしてなりません。

たとえばトップでちょっとだけ脇を締める。ダウンでちょっとだけ沈む、ちょっとだけ顔を残す、目線をちょっとだけ低くする。あるいは、いつもよりちょっとだけ内側を振ってみる……などなど。

こちらも具体的な方法や効果については次章に譲りますが、これらもわずかボール1個分の我慢です。

そしてこのボール1個分の我慢を覚えると、おそらく自分のスウィングにこれまでなかった締まり感、また強いボールが打てる感覚がわかることでしょう。

これが私の目指すところの当たり前、クラブに思う存分、仕事をさせる第一歩です。

荒川先生の遺してくださった「窮屈を恐れるな」は、また私に大きな勇気を与えてくれました。

というのも、体格的に日本人はどうしても欧米人ほど恵まれてはいません。どんなにトレーニングで筋力をつけても、パワーで立ち向かうには限界があります。もちろん筋トレを否定するわけではありませんが、その現実は素直に認めるべきです。

世界で戦うために日本人に求められているのは、実はこの窮屈ではないかと私は考えています。ボール1個のちょっとの我慢、つまりやせ我慢です。

実際に私の元を訪れる選手は、必ずしも体格的に恵まれた選手ばかりではありません。また黄金世代、プラチナ世代と新旧交代が著しい女子プロゴルフ界にあって、私がコーチしている選手はそのほとんどが上の世代になります。

そうした彼女らがある程度の結果を残しているのは、荒川先生のいう窮屈、ちょっとだけ我慢したスウィングを身につけているからです。それは私にとっても、世界で戦える自信を与えてくれました。

同時にそれは読者のみなさんにも、大きな希望になることでしょう。なぜならこの窮屈はちょっとの我慢であり、それは誰もが意識すればできる我慢だからです。

誰もができるからこそ〝当たり前〟であって、あとはそれを意識するかしないか、意識することができたらやるかやらないか、だけの問題です。

身の回りにあふれている「氣」を活用しない手はない

さて最後に、荒川先生が教えてくださったものに〝氣〟があります。

氣は目に見えないものです。そのため眉に唾して疑ってかかる人もいるに違いありません。実際に荒川先生とお会いするまで、いや、お会いしてもしばらくの間の私自身がそうでした。正直、最初は何をいっているのかわかりませんでしたし、戸惑うことも少なくありませんでした。

ですから私は声高《こわだか》に、その存在を強調するつもりはありません。

しかし、信じる信じないは勝手だとしても、私たちが氣に包まれて生活していることだけは間違いないでしょう。

たとえば私たちが何気なく使っている日常会話のなかにも……気が合う、気に入る、気にする、気に障《さわ》る、気持ちがいい、気分がいい……。あるいは元気に根気に強気に弱気、気持ちに気分に気楽に気力、気合い十分にやる気満々……と、あふれかえっています。

「氣は心を動かし、心は体を動かす」

もまた、荒川先生が遺してくださった、私の大好きな言葉です。

これもまた信じる信じないは勝手です。しかし目に見えないからといって、それを無視するのはどうでしょうか。私にはとても、もったいないことに思えてなりません。

なぜなら空気や重力も目には見えません。

しかし、この地球上に生きている以上、空気や重力を疑問視する人はいないでしょうし、まして否定する人はいないでしょう。信じようが信じまいが、私たちの身の回りに当たり前に存在し、包み込んでいるのが空気であり、重力なのです。

氣もまったく同じです。しかも空気や重力と同じように、目には見えませんがタダで私たちを包んでいるものです。だとしたら使わない手はありません。いや、むしろもっと積極的に使うべきものではないでしょうか。

無酸素で無重力の状態では、この地球上では誰も生きてはいけません。それと同じように氣がなければ人間は生きていけない、と私は感じるようにもなりました。

ただひとつ違いがあるとしたら、空気と重力は無意識のまま使っていますが、氣は少しばかり意識しなければ使えない、ということでしょうか。であれば、これもまた〝ちょっと〟だけ氣の存在に目を向けてください。

これは、みなさんのゴルフにも同じことがいえます。まだまだ氣の正体を十分に伝えることのできない私ですが、しかしこれだけは胸を張っていうことができます。氣を意識すれば、みなさんのゴルフは飛躍的に変わります。

氣が心を動かし、心が体を動かす、のです。

それでは、気合い十分で元気いっぱい、気持ちのいいゴルフを身につける、みなさんへのコーチングを始めるとしましょう。

生前の荒川先生と筆者。口癖は「ツジを日本一のコーチにする」だった

第1章

“ちょっと”の科学
〜ボール1個でシングルになる〜

ボール1個をモノサシにすれば、ゴルフはもっと簡単になる

シングルを目指す、あるいはプロゴルファーになるためには、

「トラック一杯のボールを打たなければならない」

といった言葉が、まことしやかに語られてきました。

みなさんも一度は聞いたことがあるはずです。

たしかにある時期には、無我夢中でボールを打つことは必要かもしれません。しかし、私にいわせれば、それはあまりにも非効率で、かつ無責任な言葉だと思います。ましてゴルフを教えることを生業にするコーチの立場からは、自分たちの職業を否定するようなものです。

「トラック一杯のボールを打て」は、百害あって一利なし

むしろなにも考えずに、ひたすらボールを打つことは、百害あって一利なしだと思います。具体的に説明していきましょう。

①悪いクセがついてしまう。

スウィングとは、形状記憶合金のようなものです。箸の持ち方、使い方と一緒で悪いス

ウィングのままボールを打ち続ければ、どうしても悪いクセが身についてしまいます。悪いクセの多くは見栄《みば》えの悪い、非効率なスウィングです。

②クセを技術に高めるには、時間と費用がかかりすぎる。

もちろんクセは個性であり、見方を変えればその人しかできない高い技術です。ゴルフ界を見渡しても、個性的なスウィングの一流選手も少なくありません。2018年は日本ツアーからチェ・ホソンが、その独特なスウィングで世界中の注目を集めました。

しかし、クセを技術に高めるためには、とても長い時間と多くの費用がかかることは覚悟しなければなりません。自分のやり方を貫く忍耐力も求められるでしょう。それはそれで素晴らしいことですが、はたしてゴルフが職業ではないアマチュアのみなさんに、どれだけ現実的なことでしょうか？

それはプロであっても同じことです。

トラック一杯のボールを打つより、ボール1個を意識する

気の抜けたスウィングは、ちょっと我慢の正反対

③気の抜けたスウィングになりがちである。

これが3番目の理由です。

ひたすらボールを打ち続けることにもメリットはあります。

ゴルフに限らずあらゆるスポーツの反復練習は、体からムダなリキみとムダな動きを削ぎ落とし、頭であれこれ考える前に、いわゆる「体で覚える」ことにつながるからです。

これはスポーツに限らず、技術が求められるあらゆる世界でいわれることでしょう。

ただし、体で覚えるためには、そこに大前提があります。それは、いい姿勢で、いい動きを繰り返す、というものです。

人間は本来、怠け者だと私は思っています。私自身も例外ではありません。そうした怠け者にボールを打たせると、どうしても気の抜けたスウィングになってしまうのです。

気の抜けたスウィングとは、ちょっとの我慢、やせ我慢のできないスウィングのことです。これは私が追い求める当たり前、つまり思う存分、クラブに仕事をさせるという考え方とは正反対なものです。

以上の理由から、ゴルフが上達するためにはトラック一杯のボールを打つ必要はない、と私は考えています。

もっとも否定だけではゴルフは上達しません。

そこでトラック一杯のボールを打つかわりに、ボール1個で上達する……これが私からの提案です。

体で覚えるためには、いい姿勢で、いい動きを繰り返すことが重要

ボール1個を体に刻め！
重さと大きさ、ひと転がりを意識する

そこで、下に原寸大のゴルフボールの写真を掲載しました。

まずは、そのボールをしっかりと見つめて、体のなかに取り込んでください。これからはみなさんのゴルフのモノサシは、すべてこのボール1個になります。

重量と直径はR&A（全英ゴルフ協会）の定めるルールによって決められています。これは、なるべくボールが飛びすぎないための規制です。

というのも重量は45・93グラム以下とあります。つまり、ルール上は軽い分にはいく

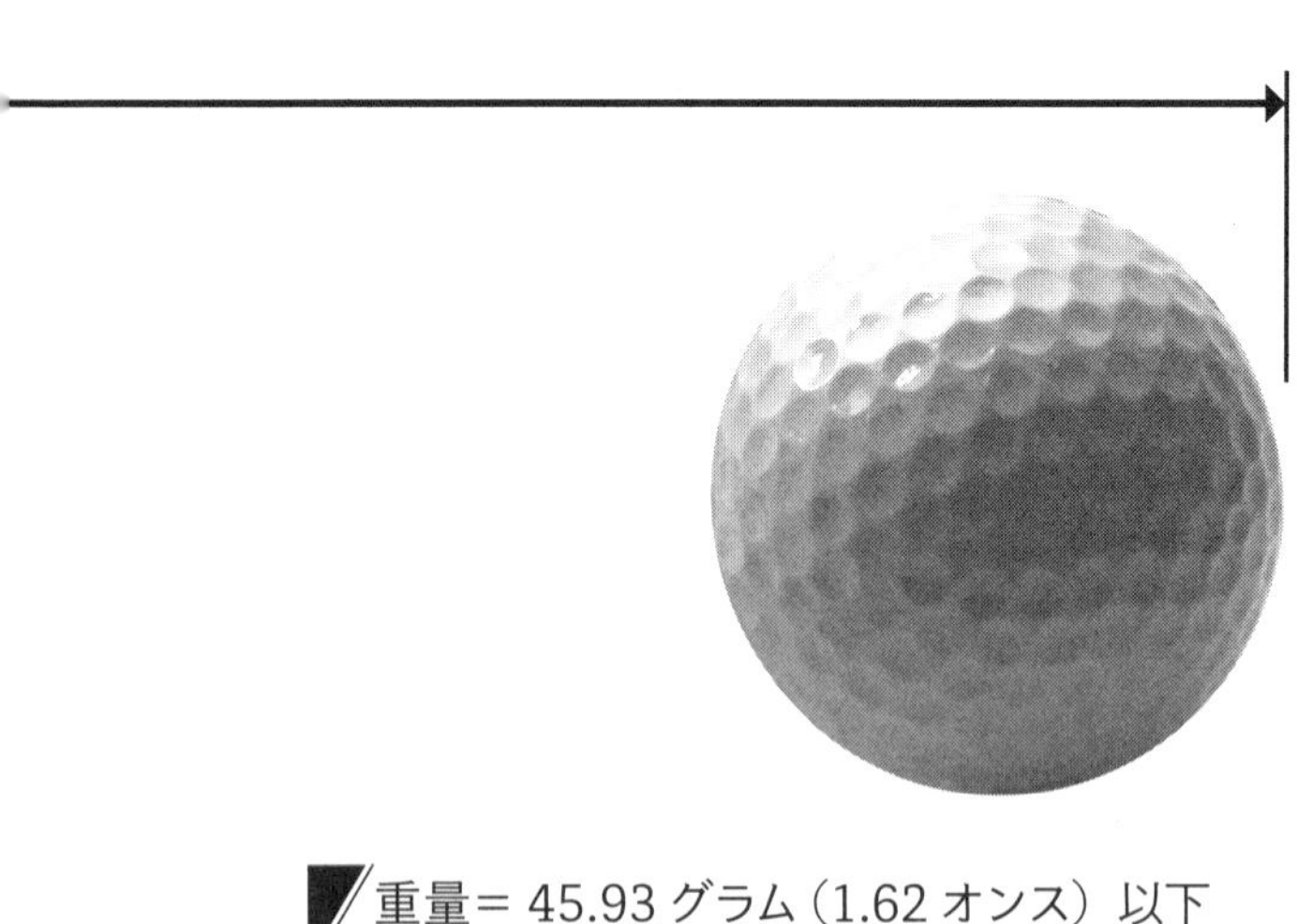

重量＝ 45.93 グラム（1.62 オンス）以下
直径＝ 42.67 ミリ（1.68 インチ）以上
円周（ボールひと転がり）＝約 13.4 センチ

ら軽くても構いません。

しかし、ピンポン球のような軽いボールを製造しないのは、それではまったく飛ばないからです。

より飛ぶボールを作ろうとなると、ルールの範囲内でより重い45・93グラムがほとんどのボールの重量になっています。

直径が42・67ミリ以上となっているのも、飛ばないように規制されているからです。

ボールは小さくなればなるほど空気抵抗も小さくなり、より飛ぶようになります。それでルールの範囲内でより小さな42・67ミリが、ほとんどの大きさになっているわけです。

円周はルールで決められたものではありませんが、直径が決まれば自ずと決まります。

さて、ボールのひと転がりが約13・4センチ（視覚的には約22センチ）、成人男性用のスニーカーのサイズの約半分と聞いて、みなさんはどのように思ったでしょうか？

「思ったよりも転がるんだな」でもいいし、「それしか転がらないんだ」でも構いません。まずは自分のなかでボール1個を実感することが、とても重要です。

スウィングプレーンよりも大事な〝ヘソプレーン〟

ゴルフのレッスンでよく聞くのが、スウィングプレーンという言葉です。

いまさら説明するまでもありませんが、これはボールとターゲットラインを結んだ直線と、アドレス時の両肩（あるいは両ひじ）を通る平面のこと。ダウンスウィングでクラブヘッドがこの平面をなぞることがオンプレーン、つまり理想のスウィングとされます。この概念はベン・ホーガンの『モダン・ゴルフ』によって紹介され、いまもゴルフレッスンに大きな影響を持ち続けています。

オンプレーンが理想のスウィングであることとは間違いありません。私自身もこの理想のスウィングを求め、選手たちに身につけてもらおうとコーチングしています。

ただ、頭ではオンプレーンに振ろうと考えていても、思い通りに振れないのがゴルフではないでしょうか。

実際、レッスンやコーチングの現場にいても、「ちょっとインサイドに入ったな」とか、「少し外（アウト）から降りてきたよ」と、解説するだけのものが多いようです。

しかし、ゴルファーの多くが求めているのは、はたしてミスの原因や欠点、悪いクセを教えてもらうことでしょうか。

それよりも、どうしたらオンプレーンの理

ヘソは7個のボールの曲線上を指す

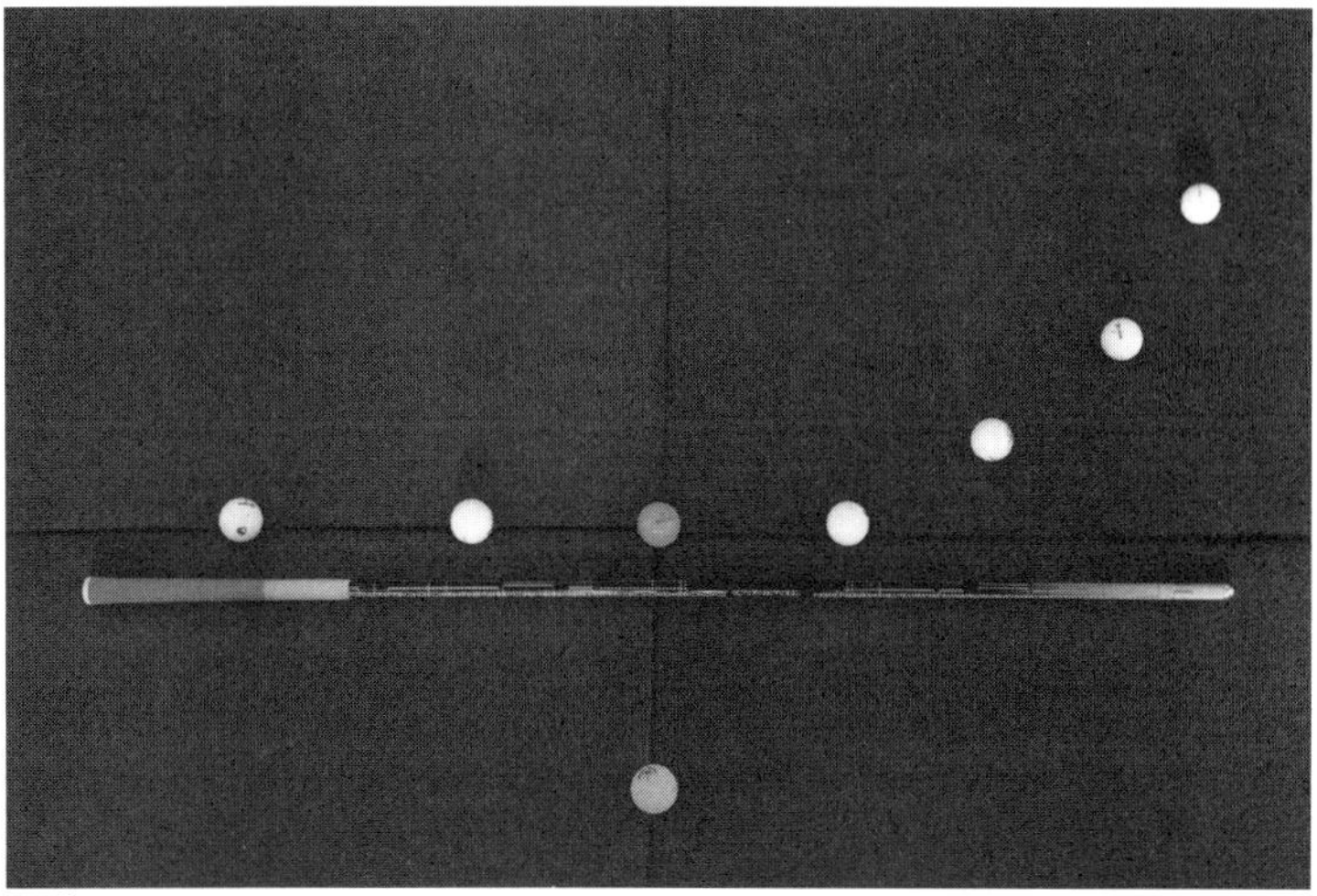

シャフトの上に並べた7個のボールがつくる曲線がヘソプレーン

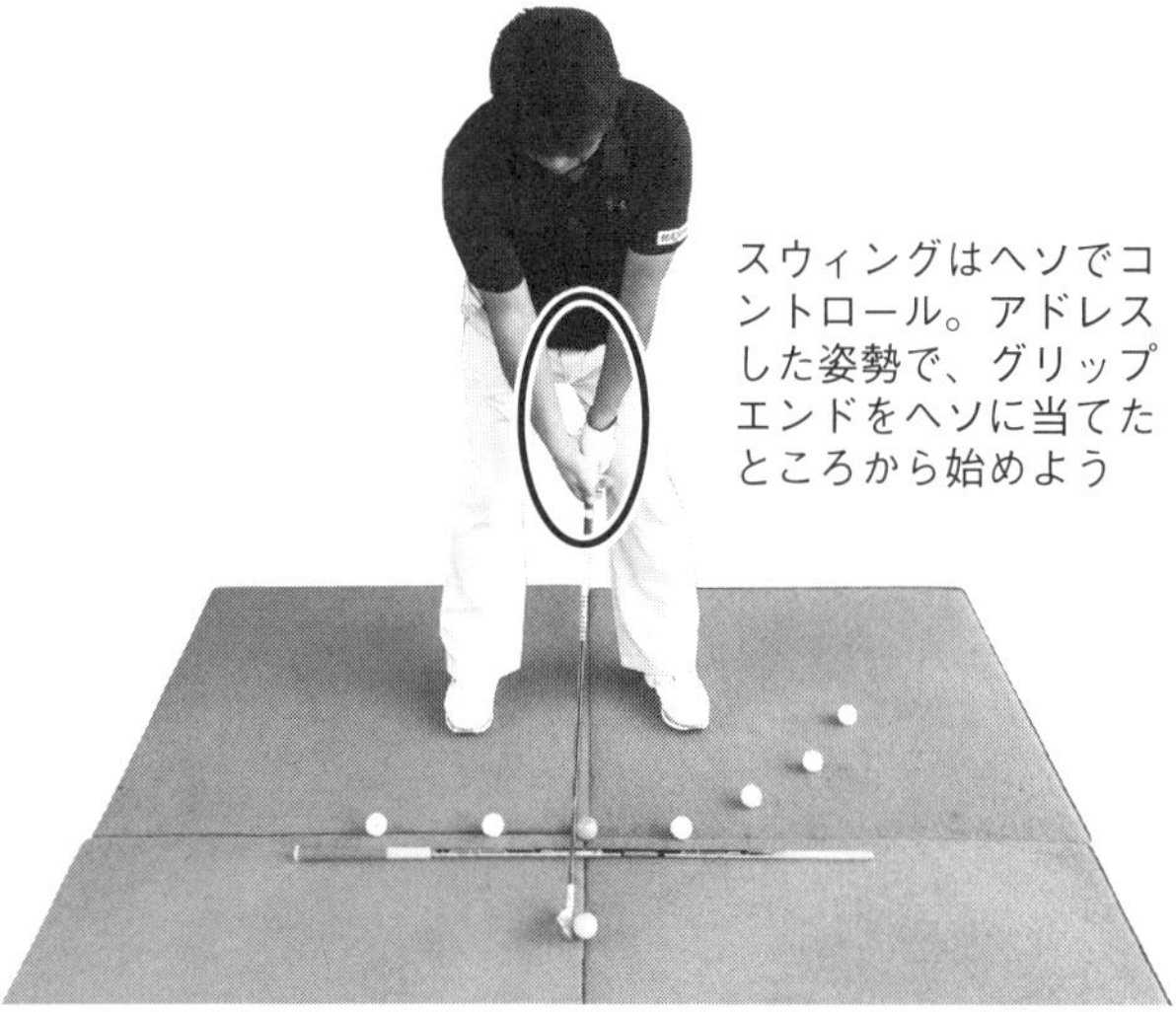

スウィングはヘソでコントロール。アドレスした姿勢で、グリップエンドをヘソに当てたところから始めよう

想のスウィングになるのか。その方法を知りたいはずです。

スウィングはすべて、ヘソがコントロールする

そこで私が提案するのが、**「ヘソプレーン」**という概念です。選手たちを指導するなかで考えつきました。

左ページの写真を見てください。

シャフトの下側にある1個のボール（A）が、実際に打つボールです。飛球線は写真の右方向になります。まずは、このAのボールに向かってアドレスします。

シャフトの上側、つまりアドレスした人の体側には7個のボールが曲線を描いています。Aのボールより手前にあるボール（B）は、アドレス時に使用したクラブをヘソに当て、その長さにあわせてヘッドが地面につく場所に置きます。

その状態で、1スウィングに10秒程度かけて、ゆっくりシャドースウィングをしましょう。ゆっくり動くことで、体のムダな動きがなくなります。

このとき、ヘソに当てたクラブヘッドがなぞる曲線が、写真でシャフトの上にある7個のボールです。つまり理想のスウィングをしたときの、ヘソの理想的な動き、ということになります。**このヘソに当てたクラブが動く平面が、「ヘソプレーン」です。**

ちなみに左端、飛球線方向から一番遠いボール（C）は、バックスウィングでもダウンスウィングでも、手が右腰のあたりにあるときのポジションと考えてください。

ヘソの動きが体とクラブをコントロール

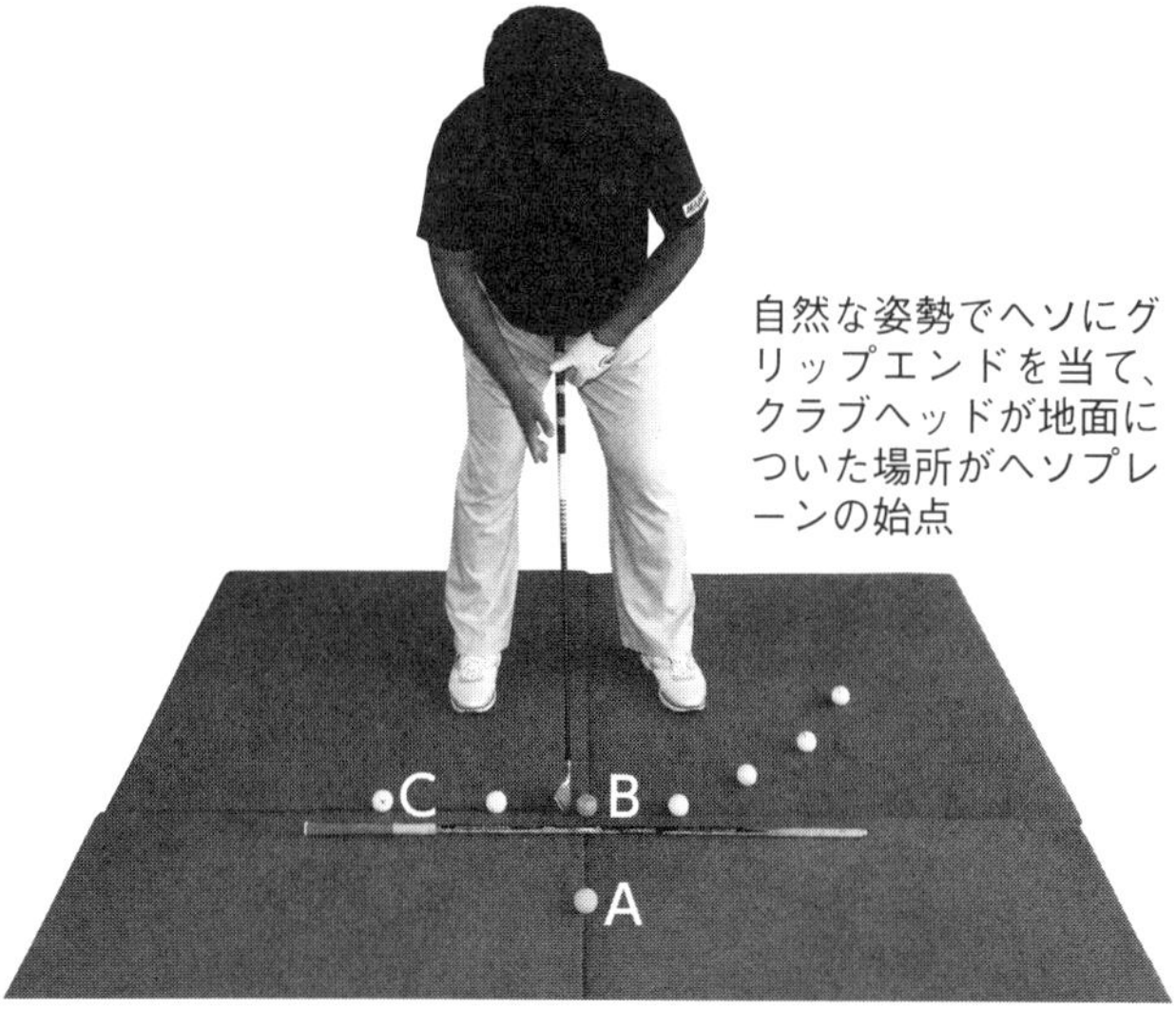

自然な姿勢でヘソにグリップエンドを当て、クラブヘッドが地面についた場所がヘソプレーンの始点

両手を伸ばしヘソがどこを指しているかを確認。その状態で10秒くらいかけてゆっくりシャドースウィング

ゴルフでは、テークバックの始動はもっとも難しいもののひとつとされています。そのため、どこに上げるか、どう上げるかに、頭を悩ますプロも少なくありません。

ヘソが動けば体が動く、体が動けば腕が、クラブが動く

しかし、難しいとされるテークバックの始動も、手や腕、クラブの動きを考える必要はありません。Cのボールの位置までヘソがこのラインを真っ直ぐなぞっていれば、腕もクラブも勝手にいい位置に上がるのです。

そうした理由から、ヘソプレーンはCの位置までとしています。なぜなら、そこから先は慣性モーメントで自ずとヘソも手も、腕もクラブもいい位置に上がるからです。ダウンスウィングにおけるこの位置は、いわゆるビジネスゾーンの始まりです。このときもCのポジションにヘソが向くよう戻します。

飛球線方向に向かって左から4番目あたりのボール（D）から、ヘソと結んだクラブヘッドは曲線を描いていきます。この辺が、いわゆるビジネスゾーンの終わりであり、手が左腰の高さになるフォロー部分といえるでしょう。その後、ヘソは回転し、フィニッシュではヘソは体の真正面のボールD方向を向いているはずです。

このヘソと7個のボールの曲線をなぞる平面がヘソプレーンであり、これを外れないことがヘソがオンプレーンに動いた、ということになります。

いずれにせよ、スウィングをコントロールするのはヘソになります。

ヘソの延長線が指す方向を強く意識

アドレスでヘソがヘソプレーンを、しっかりと指していることを確認

テークバックはヘソプレーンに沿って、わずかに後方に動かすだけ

手が右腰の高さになるまでヘソはＣの位置。ダウンでもここに戻る

ヘソのオンプレーンで、手に入れられるもの

さて、ヘソプレーンがオンプレーンとは、ヘソに当てたクラブのヘッドが、この曲線をなぞることとです。そしてオンプレーンの状態は、理想的なスウィングに求められるあらゆるもの……ブレない軸、崩れることのない前傾角、十分な体重移動と体の回転、ビハインド・ザ・ボール、オンプレーンスウィング……を手に入れることができます。

これまでのレッスンは、それらを手に入れることが目的でしたが、「論より結果」のコーチングでは発想が逆です。つまり体の中心にあるヘソに意識を集め、その動きを正しいものにするだけで、結果として理想的なスウィングが手に入るというわけです。

では、実際にこの動きをやってみましょう。最初からボールを打つことはなかなかできるものではありません。そこで両手に持ったクラブを肩に乗せてのシャドースウィングから始めましょう。クラブを持たずにヘソに意識を集め、スウィング中、ヘソがこのラインをなぞるように体を動かします。

すると、どんなことを感じるでしょうか？

小さいけれど、〝ちょっとキツい〟ヘソの動き

ヘソに意識を持つと、スウィングにおける体の動きは案外、小さいものだと気がつくのではないでしょうか。実際にスマホで撮影してみれば、普段、クラブを振るときのスウィングよりも小さいことがわかるはずです。

驚きを感じる一方で、なかには「こんな小さな動きで飛ぶの？」と不安になる人もいるかもしれません。

しかし、ヘソは体の中心にあり、独楽《こま》にたとえるなら軸の中心と考えられます。軸が大きく動いたら、独楽はすぐに倒れてしまうでしょう。ヘソに大きな動きはいりませんし、むしろ大きな動きはムダな動きといっていいでしょう。

では、どうしてムダな動きが生まれるかといえば、体の中心であるヘソから遠くに意識があるからに他なりません。

そうした視点から多くのレッスンを眺めてみると、手や腕、ひじやクラブ、あるいはボールをどのように飛ばすかといった、体から遠くに意識がいく内容のものが多いことに気づかされます。もちろんそれも大事なことですが、意識はヘソになくてはなりません。

次に感じるのは、動きは小さいけれどキツい、締まり感があるということでしょう。ヘソがこの曲線をなぞるように動くと、腹筋や背筋だけでなく、胸やお尻の筋肉などに自然と力が入っていることに気がつくはずです。

キツいにはキツいのですが、しかし耐えられないキツさでもありません。ちょっとした我慢、やせ我慢で耐えられるキツさです。荒川先生のおっしゃった窮屈とは、この状態を指しています。

テークバックの始動はヘソから。写真左端のボールから内側にヘソが向く“ちょっとしたキツさ”は十分に捻転《ねんてん》している証拠

フォロースルーは自然に任せる。するとヘソはプレーンに沿って、勝手に曲線を描くはず。フィニッシュではヘソは真正面を向く

ヘソが動けば腕やクラブは勝手に動く

切り返しでヘソは再び写真左端のボールに戻る。インパクトまでは「ヘソをヘソプレーンの内側にはいかせない」という意識が重要

NO ヘソの遠回り

ヘソがプレーンからわずかに外れただけで、軸が傾き、右手側のグリップエンドはヘソプレーンとはまったく違う軌道に。手の先に持つクラブはもっと複雑な動きになる

クラブを肩に背負ってヘソの意識を高める

YES ヘソは最短距離で回る

肩にクラブを背負ってシャドースウィング。トップでは左手側のヘッド、ダウンでは右手側のグリップエンドが指す動きがヘソプレーンの動きとほぼ一致する。ヘソがわずかに動けば、体が捻転、肩や腕、クラブが大きく動くことが理解できるはず。また、ヘソは最短距離で回ることを覚えよう

ヘソにいる小さな自分が、大きな自分を動かすイメージ

たとえば20人が一列に並び、時計回りにきれいな円を描くように行進するとします。中央の人を1番、中央から一番遠い人を20番として、さて2人の歩く距離やスピードははたして同じでしょうか。

1番の人は円の中心ですから、ほとんどその場で足踏みをして、体の向きを変えるだけです。しかし1番から遠くになればなるほど、歩く距離は長くなり、そのスピードも速くなります。隊列のなかでは1番からもっとも遠い20番が、長い移動距離と速いスピードが求められる、というわけです。

これをスウィングに置き換えると、1番がヘソ、20番がクラブヘッドになります。9番までが腕で10番がグリップ、11番から19番までがシャフトです。

行進が真円を描くためには1番が先に動き、それに続いて2番以降が動きます。ところがゴルフの場合、多くのアマチュアはヘソより先に手や腕が動いてしまい、また意識のないヘソもおかしな動きをしています。

ヘソ（臍下丹田《せいかたんでん》）には、小さな自分がいると考えましょう。その小さな自分が、本当の大きな自分を動かしているのです。大きな自分よりも小さな自分を動かすほうが簡単だし、またそれが正しい動きにつながります。

小さな自分をコントロールするほうが簡単

YES

小さな自分をコントロール
すれば体も締まり、クラブ
軌道がオンプレーンに

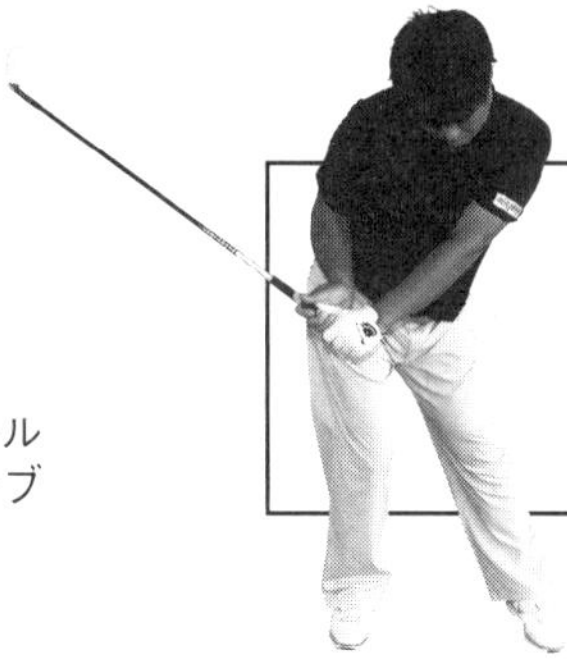

NO

ダウンで小さな
自分がヘソプレ
ーンの内側に。
典型的なアウト
サイドイン軌道

NO

ダウンで小さな
自分がヘソプレ
ーンの外側に。
いわゆる伸び上
がりの振り遅れ

スウィングの80%は、立ち方で決まる！

意外に思われるかもしれませんが、私が選手たちの指導にもっとも力を入れているのがアドレスです。突き詰めればそれは立ち方といってもいいでしょう。

スウィングの80%は立ち方で決まる、といっても過言ではありません。

小祝《こいわい》さくらプロは高校を卒業間近の12月に、初めて私の元にやってきました。２０１６年、彼女が18歳のときのことです。当時、北海道ではある程度は名の知れたアマチュア選手でしたが、それでも私はすぐにはボールを打たせませんでした。

指導するための条件として私が課したのは、毎日のランニングと素振り、そして立ち方の練習です。ボールはほとんど打たせませんでした。それは高校を卒業するまでの３ヶ月は続いたでしょうか。

約半年先にはプロテストが始まり、彼女自身も不安だったとは思います。しかし、立ち方が悪ければクラブに思う存分、仕事をさせることはできません。当然、結果など出るはずがないのです。それではコーチとしての仕事もできません。

小祝さくらプロの活躍の裏には、そうした頑張りがあるのです。

85歳の荒川先生は押しても引いても一本足で立ち続けた

それはともかく、では、どんな立ち方がいいのでしょうか。それは前後、左右、上下から押しても引いても微動だにしない、不動の構えといってもいいでしょう。

生前の荒川先生は、王貞治さんに伝授した一本足で立つと、私が先生の両ひじを持ち上げようとしても引っ張っても、微動だにせずに立ち続けたものです。

ランニングと素振り、そして立ち方は、小祝がプロになったいまも続けている練習であり、いまの彼女をつくり上げた練習です。

大雪の日も初優勝した夜も、ランニングと素振り、立ち方の練習を続けている小祝さくらプロ。コーチの目はヘソにある

いい立ち方とは力で立つのではなく、重心を腹に収めて立つことである

微動だにしない不動の構えなどというと、ほとんどの人は全身に力を入れ、筋肉を硬直させて立とうとします。初めて荒川先生とお会いすることになった、私と上田桃子プロがそうでした。

先生は会うやいなや、私たちにアドレスの姿勢で構えさせました。そして脇腹を片手で軽く押します。すると私たちの体は、いとも簡単にグラついてしまうのです。何度繰り返しても、結果は同じでした。

「その立ち方では軽い！」という先生の言葉に、もっと体に力を入れて重く立とうとします。

しかし、体に力を入れれば入れるほど、指1本で軽く触られるだけで倒されるようになってしまいました。

つまり、いい立ち方である不動の構えとは、力で立つのではない、ということです。いや、むしろ力を入れれば入れるほど簡単に倒されるのですから、力は立ち方を悪くする要因でもあるのです。

では、力ではないとしたら、いったいなにで立ったらいいのでしょうか？

微動だにしない不動の構え

押しても引いてもビクともしない不動の構えは、リラックスした上半身が、股関節にしっかり乗っている

YES

いい立ち方は上半身の脱力を生む

NO

力で立ったアドレスは指1本で倒すことができる

重心で立つ。重心とは、「重力の心」のこと

ここでも荒川先生の言葉を借りれば、いい立ち方とは

「臍下丹田に氣を集め、そこに重心を感じて立つ」

となります。

言葉だけではわからないでしょうから、ここではなるべく具体的に説明していくことにします。

重心とは中心点のことで、物体はこの中心点によってバランスが保たれています。ですから指1本で倒れるようなアドレスは、バランスの崩れやすい弱々しい立ち方といわざるを得ません。

触ることで意識は高まる

不動の構えのポイントは重心の位置。ヘソ（臍下丹田）を意識し、そこに重心を収めることで立ち方は変わる。最初は毎回、ベルト部分を触って意識を高めることから始めよう

とはいえ、重心は目で見ることはできません。そこで重要になるのが、とにかく感じることです。

重心とは書いて字の如く、重力の心です。重力が自分の体のなかでどのように働き、どこでバランスをとって立っているのか、まずは目を閉じて感じてください。

臍下丹田は、東洋医学でヘソ下の約10センチ、体の内部にある心身の精気の集まる場所とされる場所のことです。ちょうどベルトのバックル部分あたりでしょうか。まずはここを指で押し、そこに意識を集中させるようにしてください。

これはすでに述べた「ヘソプレーン」でオンプレーンの体、クラブの動きをするためにも重要なことです。

それはともかく重心を感じるために、ひとつ実験をやってみましょう。実験はまずいい立ち方ではなく、あえて悪い立ち方でアドレスしてみます。

すでに力で立つのは、悪い立ち方だと指摘しました。そこで全身に思い切り力を入れて立ってみます。

するとどうでしょうか。力を入れれば入れるほど、重心がどんどん高くなっていくことに気がつきはしないでしょうか。

グリッププレッシャーをちょっとだけ強めるだけで、重心がヘソの上に上がる感覚があるはずです。

さらに力を入れ、首筋に血管が浮き出るような状態、いわゆる肩ひじの張った姿勢でアドレスをしてみましょう。するとどうでしょう。重心は胸か、喉《のど》のあたりまで上がったの

スウィングにおいてリキみはブレーキ、脱力がアクセル。
力で立とうとすると、体全体にブレーキがかかる

ではないでしょうか。

ひざを曲げても、重心は下がらない

そこで往々にしてなされる指導が、「もっと重心を下げろ」というものです。それはそれで間違ってはいませんが、重心を落とせというとひざを曲げたり、腰を落としたり、前傾角を深くする人もいます。

しかしひざを落としても、重心は落ちません。実際にやってみればわかりますが、低くなるどころかむしろ高くなってしまう感覚はありませんか？

前傾角を深くするのも同じです。不自然に前傾角を深くすれば、胸や肩といった上半身にムダな力が入ります。ムダな力が入れば、

重心は上がります。

また無理にハンドダウンにして重心を下げようとしても、重心が体から外れた、手や腕の部分に移った感覚になるのではないでしょうか。

先ほどもいったように、重心を収めるべきは体のなか、中心部にある臍下丹田です。体から外れてしまった重心では、ひたすらグラついた立ち方しかできません。

自分ではわかりにくいものですが、人のアドレスを見ると重心がどこにあるかは一目瞭然です。

誰かに見てもらうのもいいですし、脇腹や背中などを軽く押してもらいながら、立ち方の練習を取り入れてください。

ヒザを曲げると重心は上がる

ひざを曲げる、腰を落とす、前傾角を深くする、ハンドダウンに構えるなどして重心を下げようとしても、かえって重心がヘソから上に離れることがわかるだろう。ここでも重要なのはヘソに重心を収める意識

ボール1個で不動の構えを身につける

では具体的に不動の構えの基本となる、いい立ち方を身につけていきましょう。

すでにみなさんの体のなかには、ボール1個が刻まれているはずです。いい立ち方を身につけるためには、ボールが1個あれば十分です。ボールを動かしながら、いい立ち方を覚えていきましょう。

ヘソからボール1個重心を下げる

重心があるのは常に臍下丹田です。そしてスウィング中、重心は動くことはありません。

まずは、その意識を持ってください。

そこで**アドレスの前に必ずヘソを触り、そこからボール1個下の位置を、指で強く押しましょう。**ちょうどベルトのバックルあたりになるでしょうか。その奥底に臍下丹田があります。

体は触ったり、押したりした部分に意識が集まり、意識を高める効果があります。まずは、そこに意識が持てるようになるまで、必ず触り、強く押してからアドレスに入りましょう。

実際に選手たちには、バックルの下にボールを入れて練習させたこともありました。

ヘソからボール1個分下の位置に意識を持つ

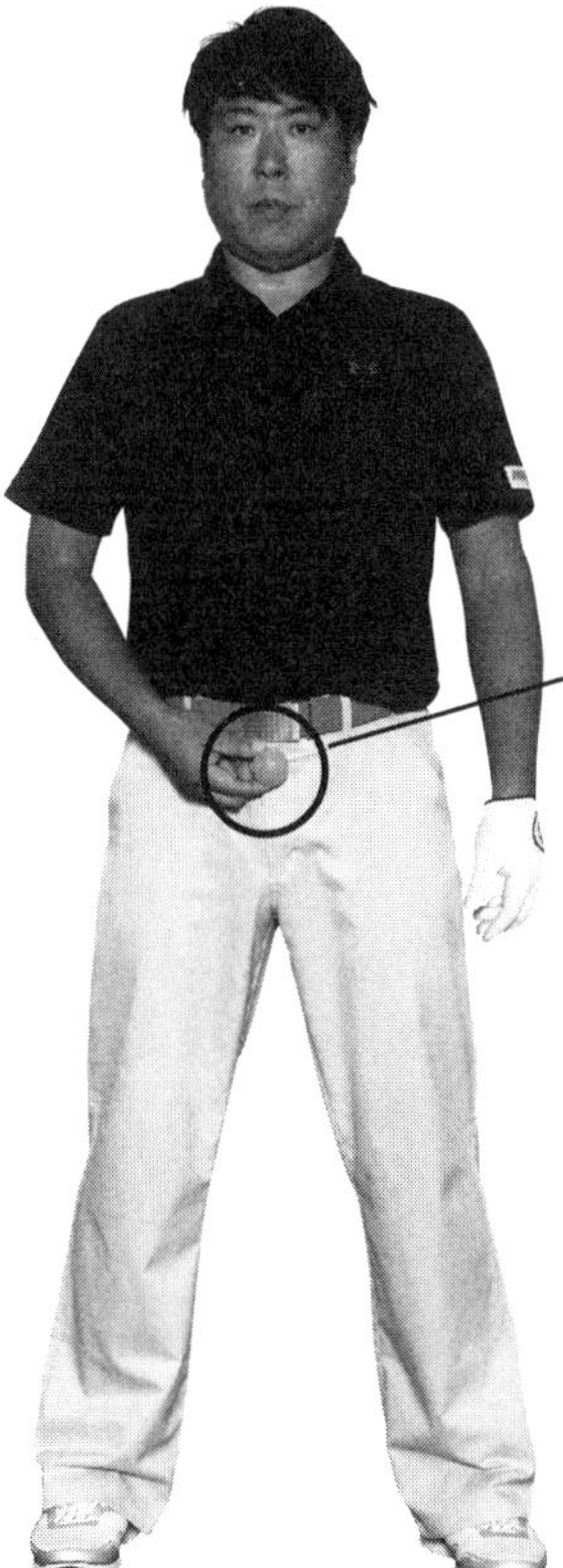
ヘソを触ったあとボール1個分下の所を押す

ヘソとグリップを結ぶ意識で持つ

まずはボールをヘソから1個分下に当て、重心を集めることから始めよう。クラブを持ってアドレスした際にはヘソとグリップが結ばれる意識を持つのも効果的だ

ボール1個分肩を下げ、ボール1個分首を伸ばす

スウィングにおいてリキみがブレーキで、脱力がアクセルです。そしてリキむと上がり、脱力すると下がるのが重心です。つまり重心がヘソよりも上がるとスウィングにブレーキがかかってしまう、ということです。

アマチュアの多くは打つことに一生懸命なせいなのでしょうか。上手く打ちたい、飛ばしたいといった欲や、曲げたくない、失敗したくないといった不安もあって、どうしても体にムダな力が入ってしまうようです。

これがいわゆる肩ひじの張った姿勢で、そんなアドレスをしているアマチュアの方も少なくありません。

そこでボール1個分だけ肩を下げ、その分、首を長くする意識を持ちましょう。

具体的な方法としては、思い切り肩を上げてポンと落とすもよし、また腕や首をぐるぐる回して、肩関節や首を常に柔らかくしておくことも大切です。そうすることで、体からムダなリキみが抜けるはずです。

また呼吸についても、大きく吸えば重心は上がり、吐き出せば下がります。この関係も覚えておきましょう。

ちなみに両腕の重さは、体重の約12%といわれています。70キロの人で8・4キロ、50キロの人でも6キロになる計算です。この重

首の短いキリンは絶滅した

さをスウィングに活かすための第一歩は、グリップは柔らかくしっかり持ち、ボール1個分肩を下げ、首を長くすることです。ラウンド後、肩が凝り、首筋が張ってしまうタイプは、特に意識したいものです。

NO

YES

草原を生き抜くために、キリンの首は長くなった。一方で首の短いキリンは絶滅したともいわれている。肩が上がり、首の短いゴルファーが絶滅することはないだろうが、なかなか上達しない、あるいはそのリキみがケガや故障につながる危険性もある

ボール1個分左肩を閉じ、ボール1個分右肩を開く

ほとんどのゴルファーは、目線と体の向きがあっていないといってもいいでしょう。それはプロゴルファーであっても同じで、特に調子が悪かったり、体調を崩したりしたときには、ズレが生じることが少なくありません。ただし、そうしたズレを徹底的に丁寧に修正するのがプロであり、そのことに無頓着なのがアマチュアといえるかもしれません。

さて、特にアマチュアに多いのが、目線はターゲットに向いているのに、肩や腕、腰のラインが左に向いている、いわゆる右サイドがかぶっているタイプです。

実際に調査したわけではありませんが、私の指導経験でいえばアマチュアの方の7～8割はこうしたタイプだと思われます。同じようにアマチュアの7～8割はスライサーですが、無意識に右を嫌がることが引き起こす現象とも考えられます。

こうした**右肩が前に出ているアマチュアは、左肩をボール1個分閉じ、反対に右肩をボール1個分開きましょう。**視界のセンターにターゲットがくるようにするわけですが、わずかボール1個分で調整できます。

こうしたタイプはアドレスの段階から、左右の股関節を結んだラインがかぶっていることも少なくありません。

目線と体のラインをターゲットにあわせる

そこでアドレスしたら、**右股関節にボール1個を埋め込むような意識を持つのも効果的です。**これはスウィング中にさまざまな効果を生みますので、90ページから詳しく説明することにします。

NO

YES

右サイドがかぶったアドレスのアマチュアは多い。ボール1個分だけ左肩を閉じ、右肩を開くだけでも視界が変わる

両肩にクラブを当ててターゲットラインと平行かを確認。ボール1個範囲内の誤差であることがわかるはず

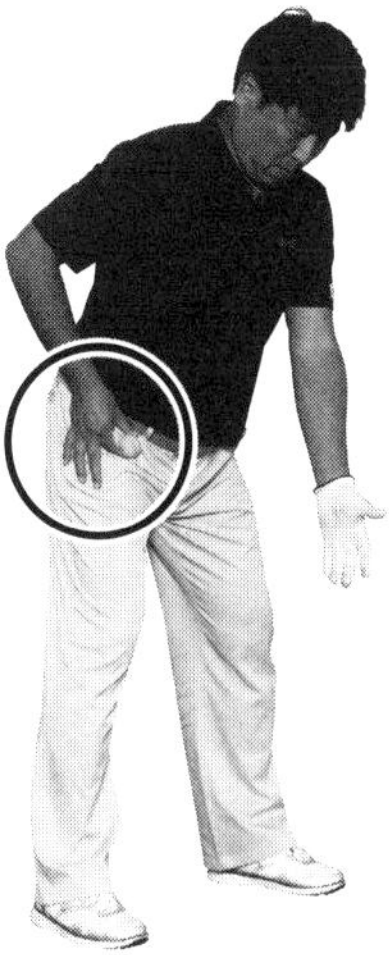

アドレスで右股関節にグイッとボールを埋め込むのも効果的な方法だ

重心を臍下丹田に収めたら、狙える構えを身につける

さて、スウィングの80％はアドレスで決まるとは、すでに述べています。そして、ここまではボール1個を使って、いい姿勢をつくり、重心を臍下丹田に集め、そして整えることでいい姿勢がつくりました。

しかし、いくらいい立ち方をしたとしても、アドレスは立っただけで終わりではありません。というのもアドレスには、狙うという目的があるからです。いい立ち方を覚えたら、つぎは狙えるアドレスを身につけましょう。

具体的に狙うアドレスとは、ここでもクラブに思う存分仕事をさせ、その結果、ボールを思いどおりの場所に運ぶことです。

アドレスは静止した瞬間にゲームオーバー

さて、ゴルフは野球やテニスとは違って、止まったボールを打つスポーツです。そのため静のスポーツ、あるいは静から動のスポーツ、と呼ばれることがあります。

しかし、私はこうした表現にはどうしても違和感を覚えてしまいます。というのも、ゴルフのスウィングには、一瞬たりとも止まる瞬間がない、と考えているからです。スウィング（Swing）には振るという意味のほかに、揺れるという意味があるそうです。スウィン

止まっているように見えて「流れている」プロのアドレス。ボールを打つ前にアドレスで勝負は決まっている

上田桃子の迫力のあるアドレスにも、荒川先生の遺伝子が脈々と流れている

グ・ジャズといえば、リズム感あふれる躍動的な音楽ジャンルでしょう。

そのように考えればゴルフは**「静のスポーツ」どころか、「揺れのスポーツ」、あるいは「流れのスポーツ」ではないかと、私は考えています。**

実際、一流選手になればなるほど上手いのが、ボールを打つ前のルーティンです。選手によって、そのやり方や形は違いますが、動きが完全に静止してしまう一流選手はまずいません。

足踏みをしたり、ワッグルをしたり、あるいは呼吸を整えながら揺れて、準備ができた次の瞬間にはスッとテークバックが始まります。たしかにボールは止まっており、野球やテニスのようにダイナミックな動きもありません。しかし、止まっているように見えても、実は揺れて流れて、動いているのです。まずはそのことを理解してください。

不動の構えとは、瞬時に自在に動ける構え

さて、私が荒川先生と初めて出会ったときのエピソードはすでに書きました。先生が王貞治さんに伝授した一本足で立つと、私がどの方向から押しても引いても、持ち上げても、先生はビクともしなかった、というエピソードです。

85歳のご老人が、です。しかも、すでに病魔に侵され、体調が万全といえなかった先生がです。

不動の構えは究極の構えであり、まさに先生の姿がそれでした。

不動の構え、狙える構えとは？

YES

究極の構えとは、瞬時に自在に動ける構えであると同時に、スウィング中のどの状態からも「なにもしなくてもボールが打てる構え」でもある。すべてのエネルギーがボールに向かい、体全体が狙っている

NO

一方、「なにかをしなければボールが打てない」構え。体は余計な動きをし、クラブは遠回りしてエネルギーロスをしながらボールに向かう

ただ、誤解しないでください。というのは、不動の構えはまったく動かない、ビクともしない構え、というだけではありません。矛盾するようですが、どんな状況にもすぐに反応して、自在にどのようにも動ける構えでもあるのです。

野球で一塁に出塁したランナーがいます。牽制球を警戒しながら、あわよくば二塁への盗塁を狙っています。一塁ベースを離れてリード。ピッチャーのモーションを盗めたら二塁、牽制球がきたら一塁へ。

私のイメージは、そんな感じです。

ゴルフスウィングでいえば、どんな状態からもボールを叩ける構え、ということになるでしょう。まさに王貞治さんの一本足打法の構えであり、それはボールに真っ直ぐに道具が向かう究極のダウンスウィングです。

ヘソ（臍下丹田）と両足の親指つけ根を結ぶ三角形を意識する

さて、肩と両腕のつくる三角形は、ゴルフのレッスンではとても重要視されている概念のひとつです。いわくスウィング中には、この三角形をキープして体と腕、クラブを同調させなさい、というものです。

体と腕、クラブが同調して動くことは、スウィングにとって大事なことです。

それはともかく、**この肩と両腕のつくる三角形以上に重要な三角形が下半身にあります。それがヘソと両足の親指つけ根を結ぶ三角形です。**

アマチュアの方のアドレスを見ていると、二等辺三角形になっていない人が目立ちます。右腰が下がって左足が長かったり、反対に顔ヘソと両足を結んだ三角形。底辺は肩幅のスタンスで、両足がつくる2辺が同じ長さの二等辺三角形になっている。この三角形の形と向き、面積をなるべく変えない"ちょっとした我慢"がスウィングには求められる

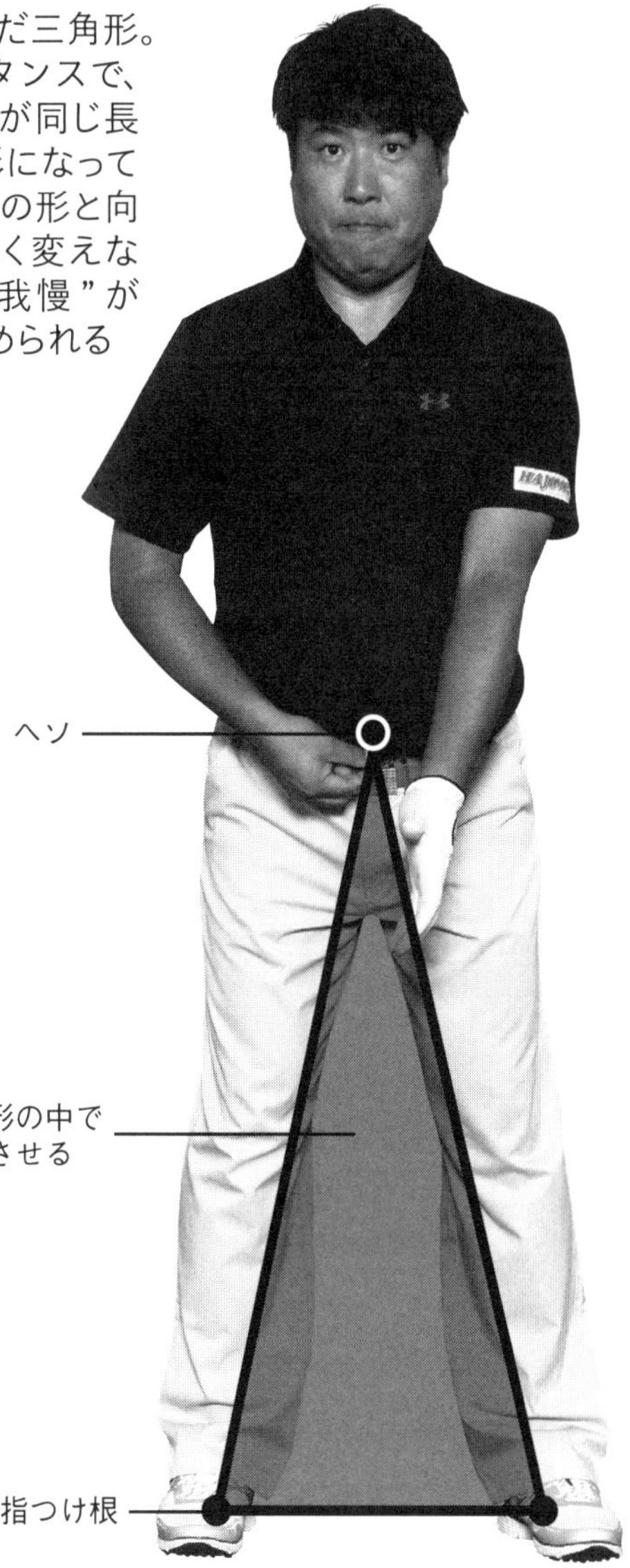
この三角形の中で
体を安定させる

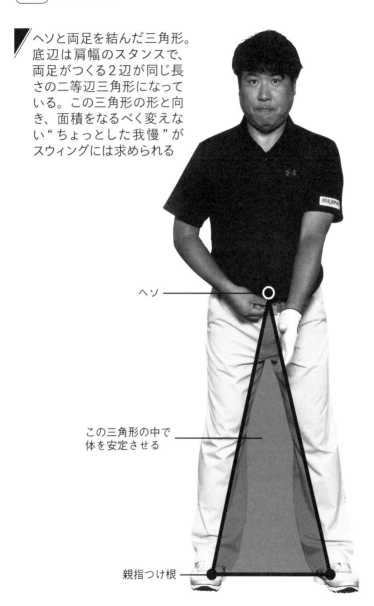

が前に出て左側に傾き、右足が長かったり。と、同時に三角形が真正面を向いていない人も目立ちます。これは鏡に映してみるとわかるでしょう。

アドレスでこの二等辺三角形ができていないと、スウィング中にいろんな形に変形、またいろんな方向に向いてしまいます。

これがスウィング中の体のムダな動きであり、スウィングを不安定にさせる原因にもなっているのです。

この三角形については、第2章でも詳しく述べることにしましょう。

NO

腰が引けた、いわゆるへっぴり腰。最初から二等辺三角形ができていないと、スウィング中にムダな動きが必要になる

アマチュアの歪んで、壊れた三角形

右へのスウェーやオーバースウィング。軸が傾き、三角形が歪んで変形四角形に。重心の位置もヘソにはない

いわゆるギッタンバッコン。バックスウィングで左に体重が乗りすぎ、軸が傾いて三角形が変形

親指のつけ根でボールを踏み、シャドースウィングを繰り返す

2018年のオフに永井花奈プロが、チーム入りしたとき、彼女にもっともやらせた練習です。

とにかく最初は、30秒を目指してボールに乗るよう指導しました。乗れるようになったら、今度は乗ったままバランスを崩さないように。最初は手が腰から腰までのシャドースウィングです。それができるようになったらゆっくりフルスウィングのシャドースウィングです。

ボールを打たない練習に、不満を感じる人がいるかもしれません。しかし急がば回れ、です。ボールの上にしっかりと立ち、狙える構えができれば、スウィングは80%完成したようなものです。

写真は永井花奈選手の指導風景ですが、以前よりどっしりと構えられるようになりました。ただ、やはり疲労が重なったり、プレッシャーがかかるような場面では、どうしても重心が上がって浮き上がってしまいます。

これはどの選手にも共通して起きることであり、そんなときこそホテルの部屋などでボールに乗ってシャドースウィングするように指導しています。

少しの時間でも続ければ、いい立ち方、狙えるアドレスが身につきます。

重心をヘソに収めボールの上に立つ

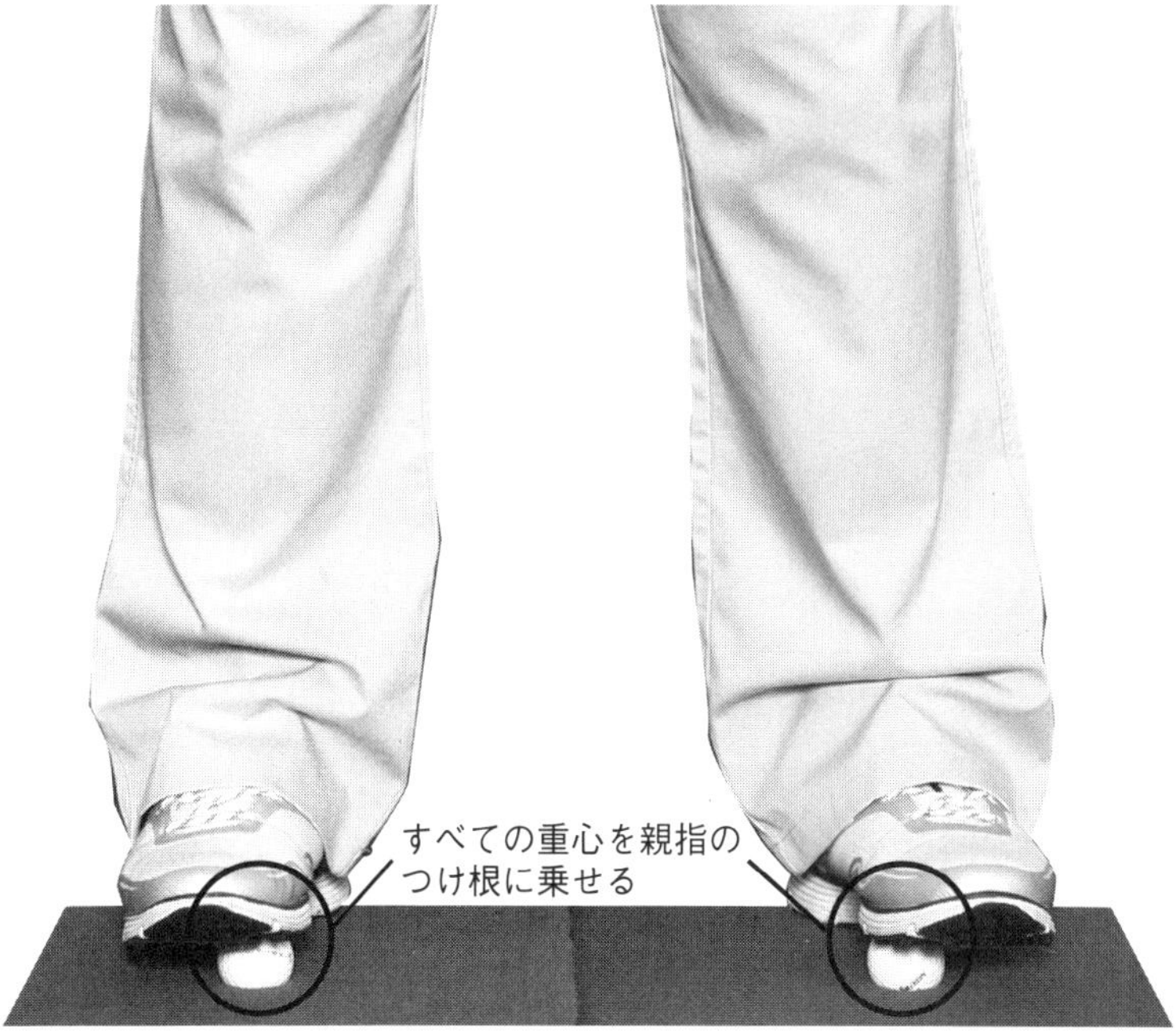

すべての重心を親指のつけ根に乗せる

肩幅のスタンスで立ったら、両足の親指つけ根でボールを踏む。この状態で30秒、立っていることから始める。重力、重心、軸を感じられるようになったらシャドースウィング

永井花奈プロもこの練習からスタート

重心を安定させ、ボールをしっかり踏みつけ

YES

ゆっくりの動きでいいので、ボールをしっかり踏み続けよう。重心を安定させ、体にたまったエネルギーを感じることが大事

ボールを踏めないとエネルギーが逃げる

NO

アドレスでは両足でしっかりボールを踏んでいたものの、バックスウィングでかかと体重になり、右足も左足もめくり上がる

NO

アドレスでしっかり立ったものの、バックスウィングで軸が左に傾き、右足がめくれ上がる。エネルギーロスの証拠だ

“当てる”から“当たる”ボールポジションのつくり方

いい立ち方、狙える構えができたら、次はボールポジションです。

ボールポジションの基本は、どのクラブであっても、確実に当たる場所に置くことです。そんなことは当たり前だという人もいるでしょう。しかし、多くのアマチュアの方のボールポジションを見ていると、当てようとする場所にあることが多いようです。その結果、当たりにくい場所にボールを置いているように思えてなりません。

具体的にはボールを自分の体から遠く置きすぎ、飛球線方向に置きすぎ、というのがアマチュアの方には多いようです。右利きの人の場合では、左に置きすぎるということになります。

余談ですが、こうした傾向は特に調子がいいときのプロにも見られます。調子がいいとクラブが振れるようになりますから、もっと気持よく振りたい、もっと飛ばしたいという欲が出てくるのでしょう。そうなるとついついボールが遠く、飛球線方向に置いてしまうようです。

よく「スランプは絶好調から始まる」といいますが、きっかけはボールポジションの乱れによることが少なくありません。それほど重要なのがボールポジションです。

当たるボールポジションのつくり方

肩幅のスタンスで立ったら、体の真正面でクラブを握り、そのまま地面にポンと落とす。それが“当たるポジション”の基本。そこからは打ちたいボール、スウィングの特徴などによって自分で微調整する。いずれにしても、このポジションからボール1個の範囲内での微調整する

ボールポジションの基本①

当たる場所は「2個×2＝4個」のなか

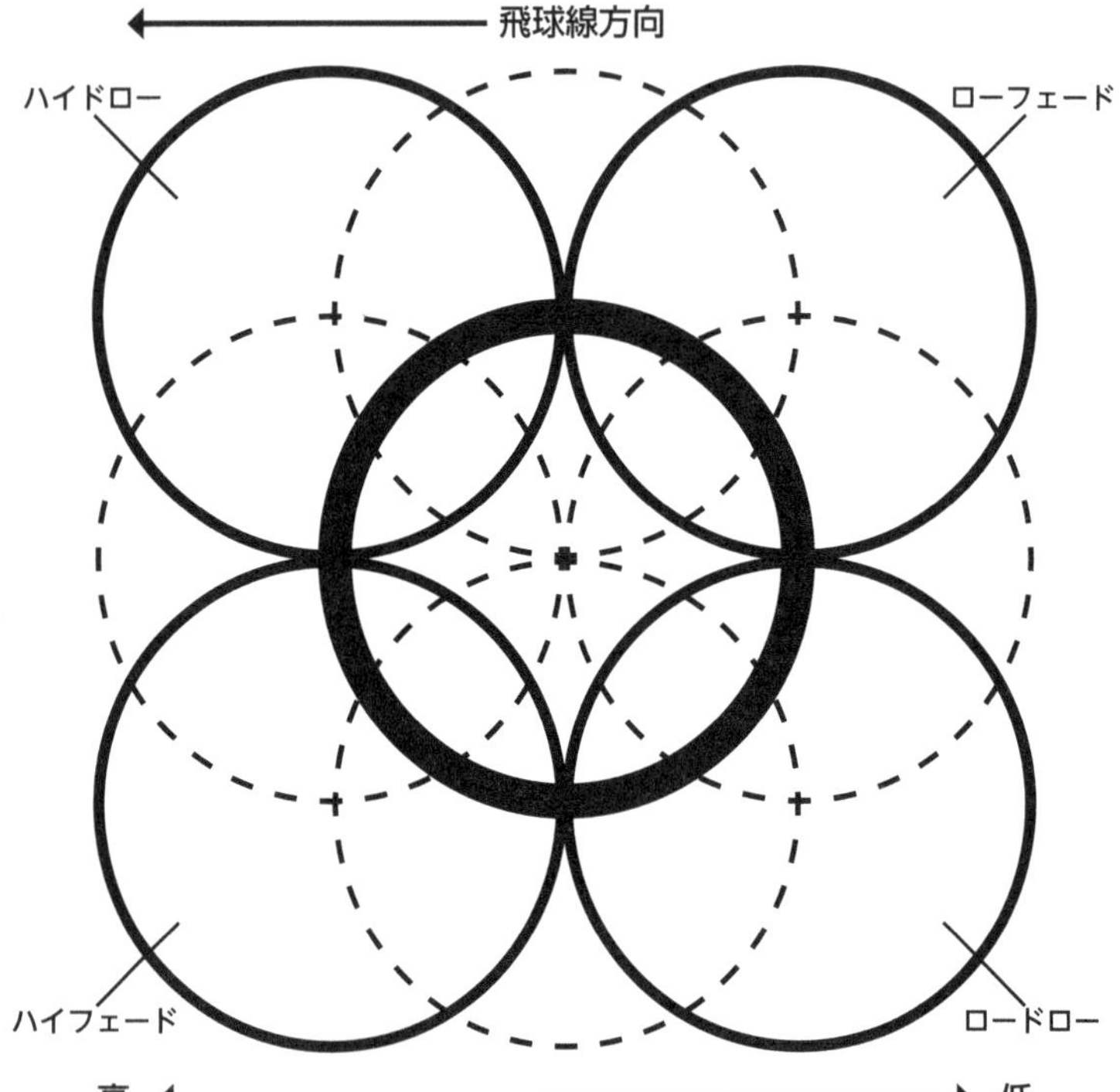

アドレスしたプレーヤーから見て当たるボールポジションは、イラストのように「2個×2＝4個」のなかにある。どんなクラブを持っても一緒です。あとは、この4個のなかで半個だったり、3分の1個だったりと、より当たる場所の微調整をする。ボールは、この4個のなかでしか動かない。まずは、その“ちょっと”を視覚から意識、イメージすること。ちなみにイラストにあるように、ドロー、フェード、高い球、低い球の打ち分けも、この4個のなかでコントロールできる

ボールポジションの基本②

1個のボールのなかに4本のクラブ

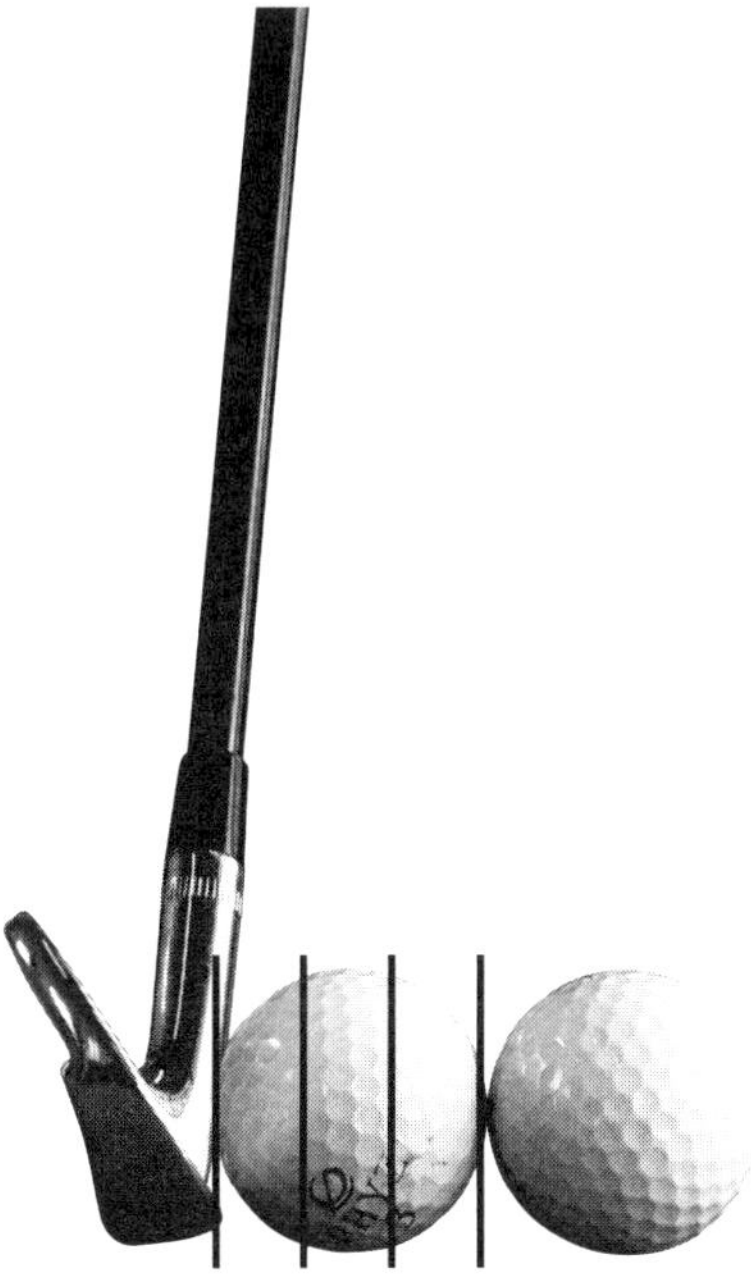

「ちょっとボールを左にしたら」「もう少しボールをなかに入れたら」は、よく受けるレッスンやアドバイスではないだろうか。ところがここでも“ちょっと”や“もう少し”を、過剰にやってしまうゴルファーが多いことに気づかされる。
ボールポジションの左右については、ドライバーを除けば、ボール1個のなかにクラブ4本分のボールポジションがある。最近はアイアンを6番あたりから入れる人が多いようだが、つまり6番から9番までのボールポジションはわずかにボール1個分しかない

ボールポジションの基本③

クラブをポンと落としてボール半個先

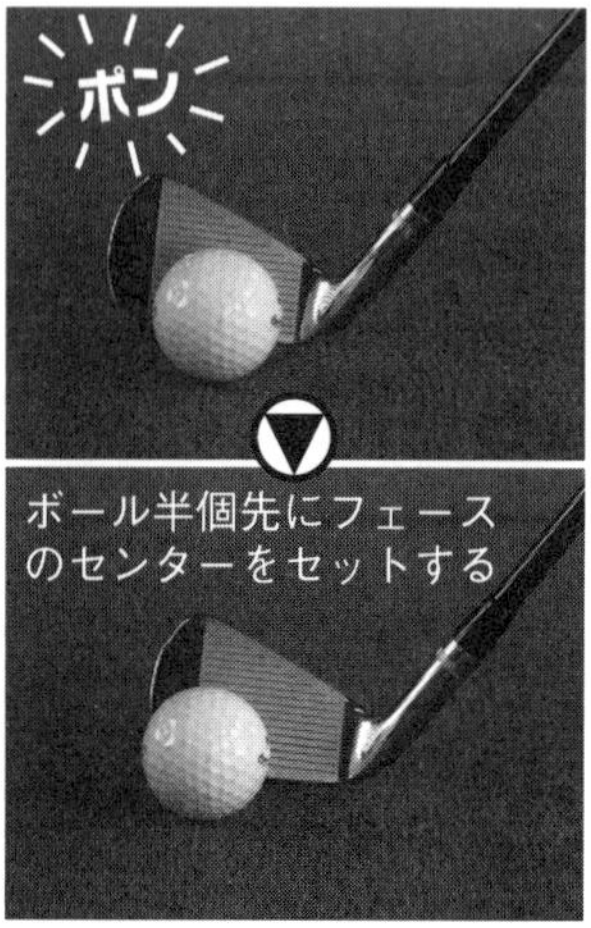

ポン
ボール半個先にフェース
のセンターをセットする

次はボールと体の距離。まずアドレスの歩幅に立ったら、体の真正面でクラブを持つ。その状態からポンとクラブを地面に置く。ただし、最適なボールポジションはそこではなく、そこからボール半個先にある。もちろんトゥ側に構えろという意味ではなく、ボール半個先にフェースのセンターをセットする。理由はダウンでは遠心力がかかり腕も伸び、インパクトはハンドファーストで迎えなければならないから。また、それはトゥダウンの影響を最小限にする効果もある。いずれにせよポンと置いた場所のボール半個先に構えても、近いと感じる方が多いのではないだろうか。それが“ちょっと窮屈”なスウィングにもつながる

ボールポジションの基本④

今のドライバーは左足のかかとの延長線上ではない

かかとの延長線上よりボール半個〜1個分センターに置く

ドライバーのボールポジションは、左足のかかとの延長線上とはよくいわれる。ただ、最近のクラブの進化……ヘッドの大型化、長くなる重心距離など……により、昔ほどフットワークは使わない。また、左足のかかとの延長線上のポジションでは振り遅れる危険性があるからだ。そこでかかとの延長線上からボール半個、もしくは1個程度、センターに置くのが、近代ゴルフでは最適だと私は考えている

腰の入った重いスウィングは、右股関節にボール1個埋め込む意識

アドレスで腰の入っていない、いわゆる棒立ちのアマチュアの方は多いものです。アドレスでスウィングは80％決まります。そこで私は**「右の股関節にボール1個埋め込む意識で立ちなさい」**と教えています。

やり方は簡単で、アドレスの状態で右手に持ったゴルフボールを、グイッと右の股関節に押し込めばいいだけです。このときの形、股関節にしっかりと上体が乗ったときの重さ、体の締まり具合を感じてください。これが感じられるまで、毎回、グッとボールを押し込めばいいのです。

最初から腰が入っていなければ、ボールにエネルギーが乗らない、軽いスウィングになります。スウィングの80％はアドレスで決まるといいましたが、最初の段階から重いスウィングができる準備をしておくわけです。

そうなるとトップでは十分に腰が入り、体が回り、スウィングに十分な捻転《ねんてん》差も生まれます。トップではズボンの右の股関節部分に、深いシワを刻むようにしてください。

アドレスしたままではボールを押し込んでもなかなか体感できない場合は、野球のピッチャーが振りかぶったとき、バッターがバックスウィングをしたときのように、一本足で立つことから始めてもいいでしょう。

股関節にボールを埋め込む

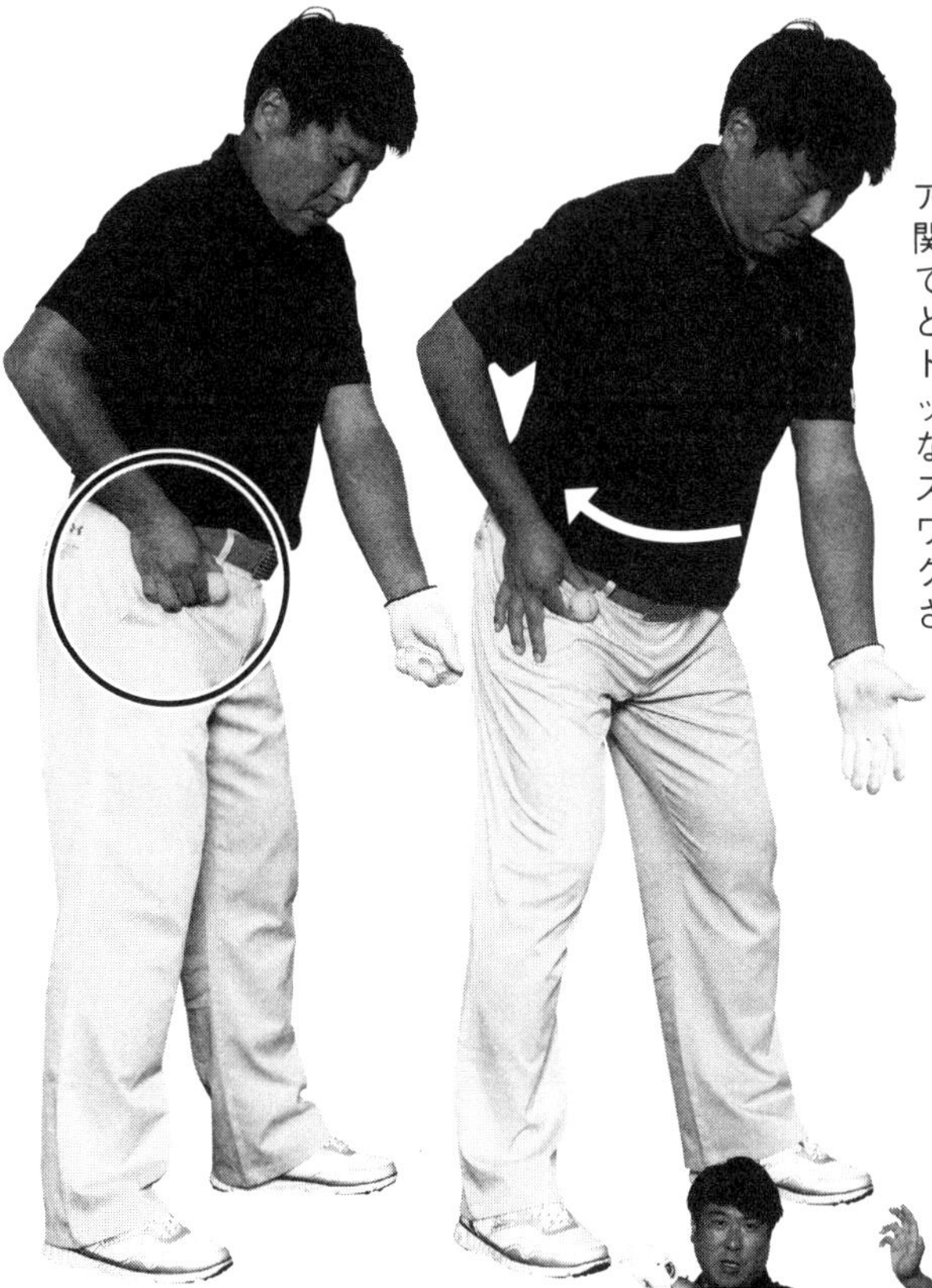

アドレスの状態で右股関節にボールを1個当てたら、そのままグッと押し込もう。右サイドのかぶりを防ぎ、バックスウィングで十分な捻転差が生まれる。ズボンの右股関節のシワを深くして、インパクトまでボールを落とさないイメージ

一本足で野球のピッチングやバッティングの動作をすると、より重さを感じられる

トップで軸足にしっかり重心が乗る
と右のお尻に張りを感じるはず

重いスウィング、重い球が打てるようになる。重心もヘソの位置から微動
だにしない

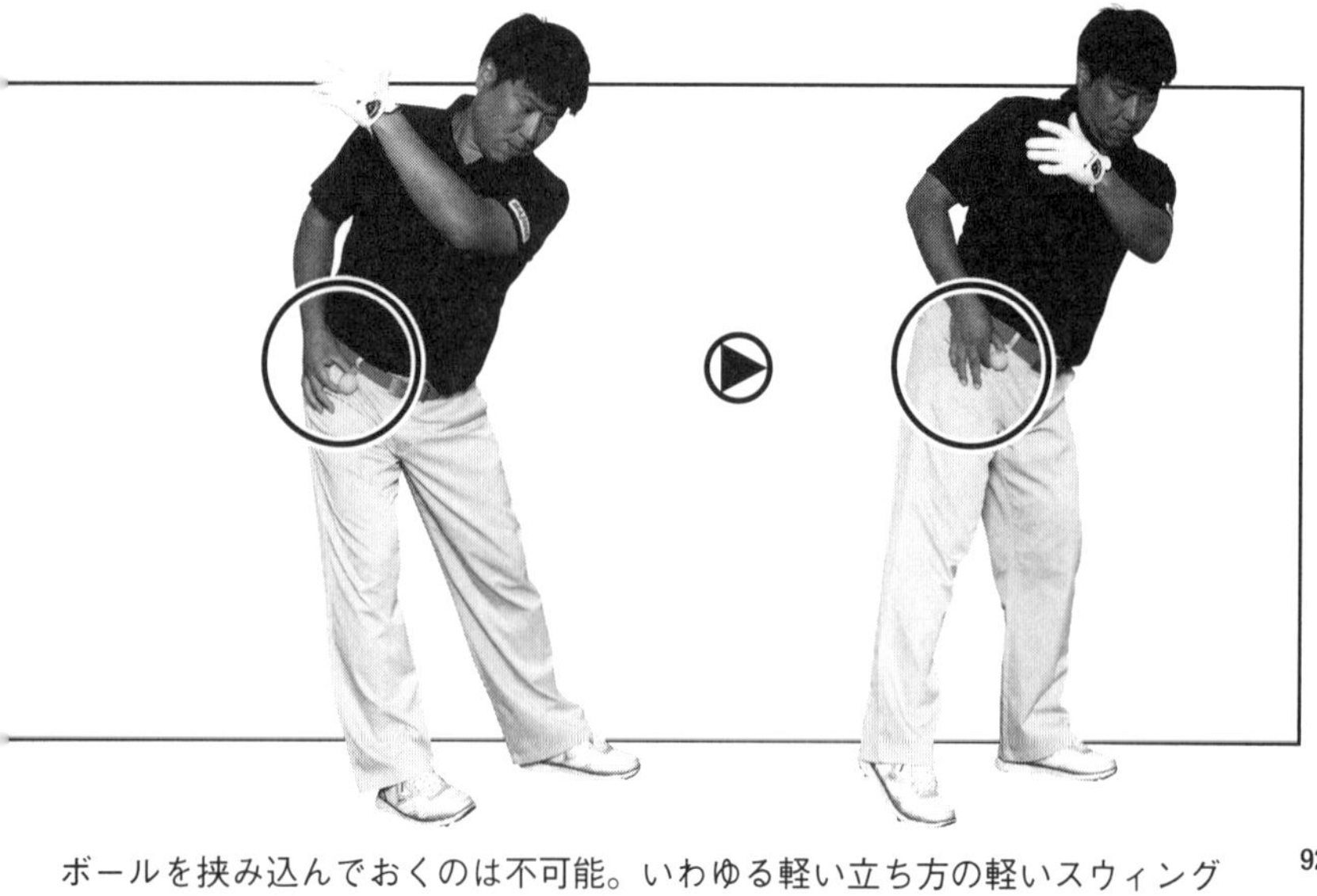

ボールを挟み込んでおくのは不可能。いわゆる軽い立ち方の軽いスウィング

右股関節にボール1個を埋め込んだ重いスウィング

YES

右股関節にボールを１個押し込むと、すべてのエネルギーがボールに向かう。

NO

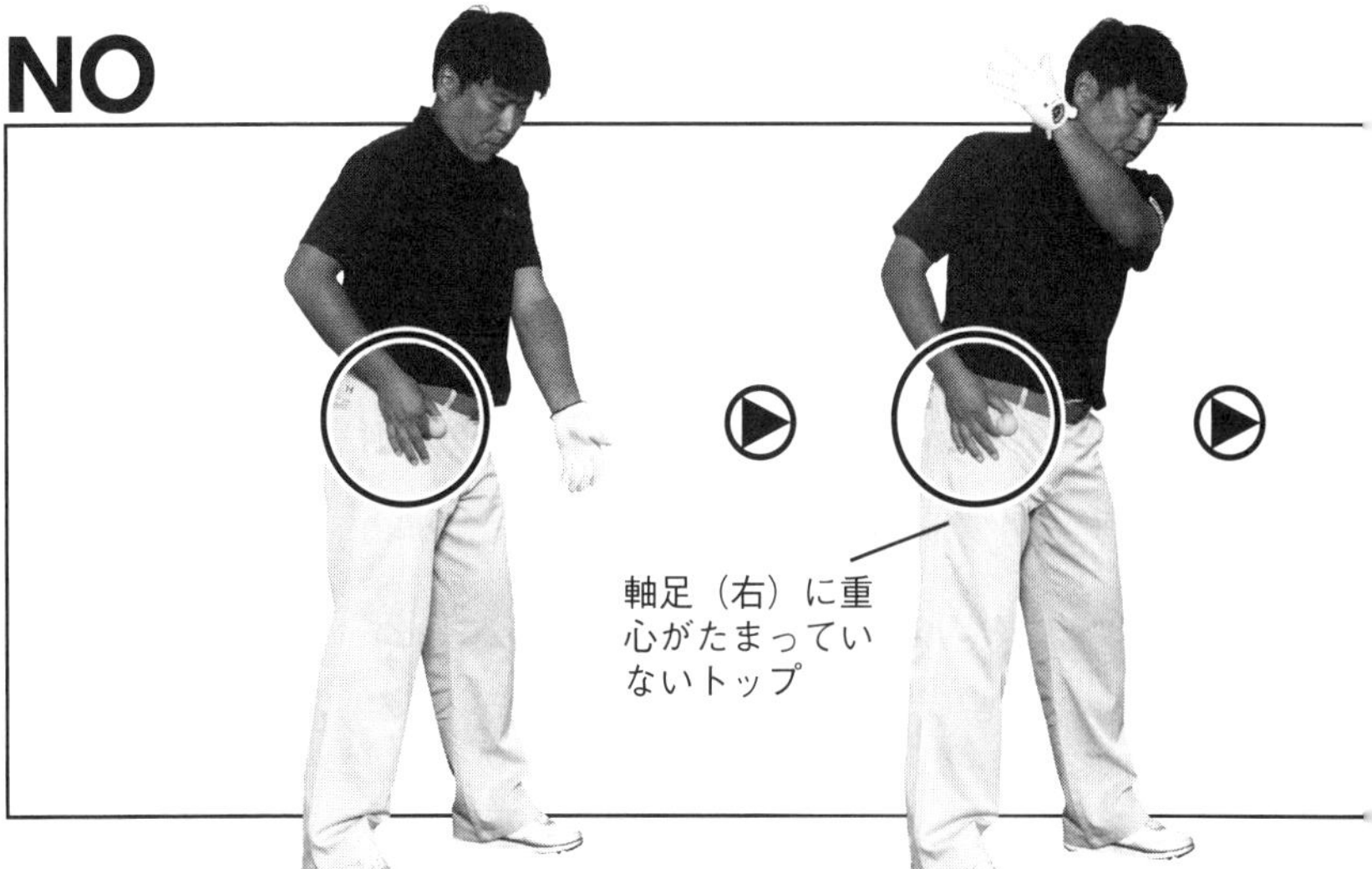

いわゆる棒立ち。ズボンの右の股関節のシワが浅く、スウィング中、

テークバックのコントロールは、ボールふた転がり分

テークバックの始動は、トップの切り返しと並んで、ゴルフのなかでも難しいもののひとつとされています。そのため、どう上げようか、どこに上げようか、と頭を悩ますあまり、余計に体が動かなくなって、さらに難しくさせてしまう人も多いようです。

上級者になればなるほど「スウィングは上げて下ろすだけ」と簡単にいいます。ここにはひとつの真理が隠されていて、難しいとされるものほど、より簡単に単純に考えるべきではないでしょうか。

それはともかく、スウィングのスタートであるテークバックでは、クラブヘッドをいい方向に、いいタイミングで動かす必要があります。そのために私は**「ボールふた転がり分、しっかり転がすことだけは心がけましょう」**とアドバイスしています。

ボールは直径42・67ミリですから、1回転で約13・4センチ転がります。ボールふた転がり、つまり2回転は約26・8センチ。ちょうどスパイクのサイズでしかありません。この距離をコントロールするだけでいいのです。

具体的にはアドレスしたら、バックフェース側にひとつボールAを置きます。さらにその後方、飛球線の延長線上、スパイク1足分

バックフェースにボールをあわせる（A）。その状態からテークバック。ボールふた転がり分（B）だけ真っ直ぐひく

右足前にあるボールにぶつかるようにテークバック。ヘッドがボールに当たるくらいでも構わない。AからBまでは集中力MAXで！

ふたつのボールがぶつかり、さらに真っ直ぐ転がるようならテークバックを完全にコントロールできた証拠のところにもうひとつボールBを置きます。やり方は簡単で、ボールAがBにきちんとぶつかるようにテークバックするだけです。

手打ちだとボールに届かない、当たらない

バックフェースにあるボールAが、後方のボールBに届かないのは、いわゆる手上げの状態です。また、ふたつのボールがぶつからないのは、手上げであると同時にインサイドかアウトサイドに引きすぎている証拠でしょう。

いずれにしてもスタートからいい位置に上がろうとしていないわけですから、スウィング中の短い時間に、どこかで軌道修正をしなければなりません。

また、ボールにぶつかりはするものの、勢いよくぶつかるのは、早すぎ、リキみすぎです。理想はボールがコツンとぶつかる程度、転がってもひと転がりするかしないくらいがいいでしょう。

難しいという人はボールAを外し、クラブヘッドをボールBに当てるようテークバックしても構いません。手上げや上げ急ぎを防ぐために、ボールAのかわりに水の入ったペットボトルやクラブを置いて、それを後方に動かすのは、プロたちにやらせる練習です。テークバックを腹や、体全体で始める感覚を身につけています。

テークバックは低く、長くが基本です。しかし、わずかにボールふた転がり分、スパイク1足分をコントロールするだけでいいと考えましょう。

後方のボールまで届かない

NO

ボールより先にクラブヘッドが先行してしまうのは、いわゆる手上げで速すぎるテークバックの表れ。テークバックもヘソで動かす

いわゆる手上げのテークバック。また早すぎるテークバックは、ボールが勢いよく転がることもあるが、ボールを押せずにクラブヘッドだけが動いてしまうことも。クラブヘッドは低く、長く、そしてゆっくり。自分の普段の呼吸にあわせたリズムで始動することが大切

後方のボールに当たらない

NO

後方のボールの内側に動けばインサイドに引いている。かする程度なら許容範囲だが、まったく当たらないのは要注意

後方のボールの外側に動けばアウトサイドに引いている。どちらの場合も、スウィングのどこかで軌道修正が求められる

テークバックは前腕を使わない

YES

前腕にクラブを水平の乗せたら、クラブが地面と平行のまま両腕の高さを変えずにシャドースウィング

NO

前腕に乗せたクラブの高さや向きが変わってしまうと、テークバックはコントロールできない。手首のコックは使わない

テークバックをスムーズに行うためには、「前腕を使いたくない」というのが、私の考え方。そのためにはアドレスでできた前腕の形を、ここでもボールふた転がり分、キープするようにする。両腕にゴムボールを挟んだり、クロスハンドでのシャドースウィングも効果的なドリルだ

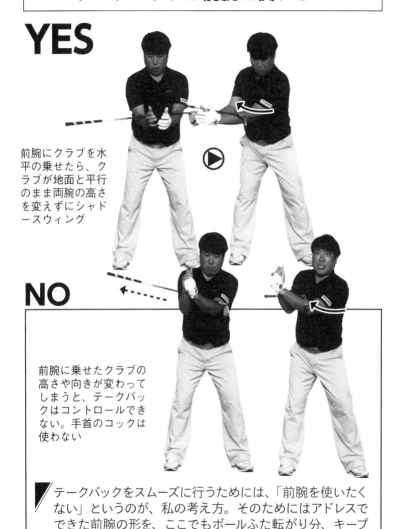

テークバックはフォローからスタートする

テークバックをどこに上げたらいいのか、わからないという人がいます。そういう人は、往々にして「ボールとにらめっこ」してしまっている人が多く、ターゲットをまったく見ていない人が少なくありません。

真っ直ぐというのは直線のことですから、点ではなく線です。

だとしたらまずは、点と点を結ぶ線を引くことが大事でしょう。ここでは、その線の引き方について説明します。

テークバックは出球に対して。フォローからスタートする

テークバックは、あくまでも出球に対して行う準備行動です。となるとテークバックは、出球に対してなされるべきです。

弓道で矢を射る場合、狙った的を睨みつけ、そこから弦を引っ張ります。それと同じで**ゴルフのテークバックも、フォローから始めてください。**

セットしたボールと、ヘッドを振り抜いていく方向として、ボール5個分ほど先にボールを置きます。そこにヘッドをセットして構えたら、そこからフォワードプレスして、スウィングを始めてみましょう。クラブが勝手にいい位置に上がるはずです。

弓は的の方から引っ張って狙いを決める！

弓を体の下の動きで引けているのがわかる
弦を引く右手が伸びきったところが、ゴルフでいうところのフォロー。テークバックはこの位置から始まれば、いいところに上がる

弓を引くときには、的の方から弦を引いて、目線、腕やひじ、体の向きなどをあわせながら狙いを決めていく。テークバックはまさにこの弦を引くのと同じ。テークバックをどこに上げていいかわからない人は、ターゲットをまったく見ていないのと一緒。弓は手ではなく、ヘソの動きで引く

通常のバックスイング
通常のダウンスウィング
からフィニッシュへ

フォローからスタートすれば、クラブは勝手にいいところに上がる

セットしたボールの飛球線方向へ、ボールの５個分ほど先の位置からスウィングを開始する。この位置から、飛球線方向にクラブを動かし、その反動でテークバック。するとクラブは勝手にいい位置に上がる。実際のスウィングで行うフォワードプレスを大げさにやったようなもの。それでもなかなか上手くいかない人は、クラブを軽く持っての連続素振り。連続で素振りできるのは、クラブがオンプレーンに動いている証拠

トップの切り返しで、ボール1個分お腹を凹ます意識で

　第二の始動と呼ばれるトップの切り返しは、スウィングのなかで難しいもののひとつです。ですが私はそのポイントをより簡単に、「お腹をボール1個分凹ませる意識で切り返してください」と教えています。

　もっともお腹を凹ませようとすると、その瞬間、お腹に力が入りますから膨らみます。実際、私が教えているプロたちのなかには、ベルトのバックルが飛び、切れてしまうこともあるほどです。しかし、お腹を膨らませようとしても、このようにはなりません。お腹をボール1個分凹ませる意識が、お腹を膨らませ、力強いダウンスウィングになるのです。

　ただし、そのためには絶対に守らなければならない条件があります。それは**アドレスでヘソ（臍下丹田）に集めた重心の位置を、バックスウィング中に変えないことです。**バックスウィングは重力に逆らう動きですから、特にこのことは意識してください。

　さて、よく受ける質問で多いのが、テークバックでの呼吸です。息は吸うのか吐くのか、あるいは止めるのか。これにはプロでもいろんな意見があるのですが、これに対する私の答えが「好きなようにしてください」というものです。重心の位置を変えない呼吸であれば問題ありません。ただ、吸えば上がり、吐

けば下がる傾向にあるという、呼吸と重心の関係は頭に入れておきましょう。

十分な捻転差を感じたら、そこからトップの切り返しが始まる。テークバックの呼吸は、「重心の位置を変えない」ものであればいい

その瞬間に、ボール1個分腹を凹ます。力を入れるのではなく、吸い込んだ息を一気に吐き出すだけでいい。実際にはベルトが切れるほど腹は膨らむ

ダウンスウィングでボール1個分、右ひざを内へ入れる意識

ダウンスウィングでは、もうひとつ持ってもらいたい意識があります。それは、ダウンスウィングからインパクトまで、ボール1個分右ひざを下げる、ということです。

というのも、**理想的なスウィングではダウンで右ひざは右下方向、ボール方向に向かいます。**ところがアマチュアの多くはこの動きができないばかりか、反対に右ひざが上方向、ボールとはまったく違う方向に向いてしまう人が少なくありません。

これにはいろんな理由が考えられます。ボールを打つことに一生懸命だったり、「ボールをしっかり見ろ」といったレッスンの金科玉条がそうさせているのかもしれません。

もちろんそれも間違ったレッスンではありませんが、頭をまったく動かさず、ボールをしっかり睨みつけていては、なかなか右ひざは下方向には動きません。

ちなみにダウンスウィング中に頭は、左下方向に動きます。それが自然です。もちろん頭の動きすぎはよくありません。しかしまったく動かない、あるいは動かそうとしないのも不自然な動きであることは覚えておきましょう。

それはともかく、ここでも注意したいのは、厳密に右ひざをボール1個分入れろ、という

右ひざをボール１個分下げるイメージ

右ひざをボール１個分、右下方向に入れる。「ダウンで右ひざをクルッと回せばスピードが出る」は荒川先生の言葉

右太ももを締め、右足裏の内側で地面を蹴る。ボール１個分凹ませた腹に右ひじが入ってくれば、ヘソプレーンがシャープになる

のではありません。まずはその意識を持つだけでも、アドレスから右ひざの高い、またダウンで右ひざが伸びてしまうアマチュアのみなさんには、とても効果があるでしょう。トップでたまったエネルギーが、逃げていかないという感覚が理解できるはずです。

ダウンでは右ひざでボールを叩くイメージ

右ひざを入れる意識が持てるようになったら、一歩進んで**ダウンスウィングでは右ひざでボールを叩くイメージを持ってもらいたいと思います。**

そこでダウンスウィングのちょうど途中、手が腰の位置にきたときの右ひざの状態を確認してください。

この時点でボール1個分、下がっている必要はありません。というのはインパクトに向けて、さらに下がるからです。アドレスより少しでも下がっていればOKですが、せめてアドレス時の高さは保っていたいものです。

また、そのときの右ひざは、エネルギーがボールに向かっているでしょうか。わかりにくい表現ですが、その状態からなにもしなくてもボールが打てる状態です。ひざが高かったり伸び上がったり、またボールとはまったく別の方向を向いていれば、そこからなにかしなければボールは打てません。そのなにかこそが、スウィング中のムダな動きです。

そういう意味でまずは右ひざに意識を持ち、さらにその右ひざはダウンスウィングで下がる、できればボールを叩くといったイメージを持つようにしてください。

右ひざがボールを叩いている

YES

アドレスからダウンの途中まではひざの高さは変わらない

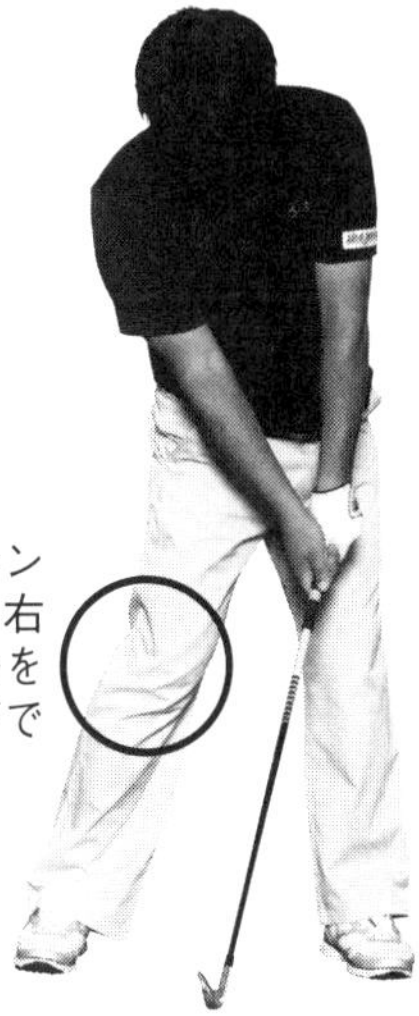

ビジネスゾーンに入ったら、右ひざでボールを叩くイメージで回転

NO

アマチュアに多いダウンスウィングでの外回り。ひざがボールの外側を向いている

裏腰のボール5個でダウンスウィングの順番を身につける

ダウンスウィングの始まりであるトップの切り返しは、お腹をボール1個分凹ませる意識を持つことでした。

それとも大いに関係しますが、ここではトップの切り返しから始まるダウンスウィングの順番について考えてみます。

そのために私は、お腹の反対側、つまり背中側を意識するように選手たちには教えています。具体的にはベルトの位置から首まで、背骨に沿って5つのボールを等間隔に並べます。写真にあるように一番下のベルト位置にあるのが①、順番に②、③、④と上がっていって、首筋にあるのが⑤になります。

①は体のなかにある臍下丹田の、背中側の位置と考えてください。

この背中側を裏腰と呼ぶことにします。まずアドレスでは、この5つのボールが真っ直ぐに並んでいることを意識しましょう。

さて、トップでこの5つのボールは、捻れてはいるものの、やはり真っ直ぐ並ぶようにします。アドレスで見ているボールが近くなったり、遠くなったり、あるいは視界そのものが変わってしまっていたら、この5つのボールが傾いたり、歪んだり、折れてしまっている証拠です。

ダウンスウィングの意識は背中にも持つ

ダウンスウィングの意識はヘソだけではなく、できれば裏腰（背中側）にも持ってほしい。脊柱《せきちゅう》に沿って5つ程度のボールが並んでいるのを意識する。まずはそのボールが真っ直ぐになっているかを意識。スウィング中に傾いたり、曲がったりすることなく、下のボールから順番に回る意識を持てばダウンスウィングが安定する

裏腰を意識したら、①から順番に回す

さて、トップでボールが真っ直ぐに並んでいることが確認できたら、**ダウンスウィングが始まります。ここで重要なのがダウンスウィングの順番で、①から②、③、④、そして⑤と、下から順番に回していきましょう。**

というのも、ダウンスウィングにおいては、この順番がまったく正反対になってしまうアマチュアが多いのです。

プロやプロを目指すレベルの研修生やジュニアであっても、プレッシャーのかかる場面では、この順番を守れなくなることがあります。つまり数の大きな上のほうから、回すのでなく動かしてしまうのです。

もちろんバックスウィングも同じ順番で体を回転させるのが理想ですが、バックスウィングはボールを打つ準備であり、ボールを打つわけではありません。またダウンスウィングに比べてゆっくりですから、仮に順番が違っていても軌道修正はできますし、そもそもトップで十分に体が捻転していればいいわけです。

ところがボールを打つ、しかも動きの速いダウンスウィングでは、この順番が間違ってしまうと、ムダな体の動きによって調整するしかありません。ときに調整できなければ、もうどうにもなりません。ミスショットになるだけです。

だからこそダウンは裏腰を意識し、この順番どおりに体を回すことがとても大事になってくるのです。

YES

①〜⑤の順番に動いた
ダウンスウィングは下
から上へ回す

NO

⑤から動いてしまった
ダウンスウィング。ア
マチュアは上から動か
してしまう人が多い。
軸の傾き、上半身のム
ダな動きなどにつなが
ってしまう

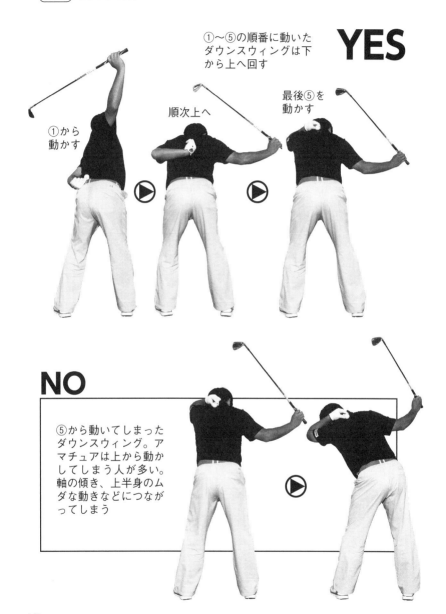

踏み込んでいく方向をボール1個分変えて、ドロー、フェード、ストレートを打ち分ける

ドローとフェードの打ち分け方には、さまざまな方法があります。軌道、スタンス、グリップ、ボールポジション、フェースローテーションによるものや、それらを組み合わせた方法もあるでしょう。いずれにしても思いどおりにボールを曲げられれば、ゴルフはもっと楽しくなることは間違いありません。

さて、そうしたなかで私がお薦めするのは、実はとても簡単な方法です。それが左足を踏み込んでいく方向をボール1個分変えるだけで打ち分ける、というもの。同じアドレス、同じボールポジション、そして同じように振って構いません。まずは左ページ写真1のように、左足前に置いたボールを動かさないよう、強く踏み込む練習をしてください。

それができるようになったら、写真2のように左足の少し先（ボールひと転がり分）に3つのボールを置きます。フェースを狙ったターゲットにあわせたら、ダウンスウィングでそれぞれのボール方向に踏み込んでいきます。自分から見て右端のボールに向かって踏み込めばドロー、左端ならフェード、真ん中ならストレートボールになります。

もっと曲げたければ、さらにボールを半個ズラすか、同じ方向に強く踏み込んでいけばいいだけです。

1 左足前のボールに向かって強く踏み込む

2 ３つのボールの方向に踏み込んで自在に曲げる

スタンスやフェースの向き、あるいは軌道を変えるのではなく、ダウンで左足を踏み込んでいく方向で球筋は変わる。その違いを知るだけでも、締まった窮屈なスウィングを身につけることにもつながる

ボール1個以内の目線の微調整であらゆるボールを打ち分ける

ボールの打ち分け方を書いたついでに、目線によってもボールが打ち分けられることを説明しておきましょう。**目線についてですが、アマチュアの方はあまり意識はしないようですが、実はスウィングにとってはとても重要なことです。**

すでに述べたように、ボールにばかり構えてしまうアマチュアの方は、ターゲットを漠然と見ているようです。実際、私がレッスンをするケースでも、

「どこを狙っていますか?」

と、聞かれて初めて、どこを狙うかを決めている人も少なくありません。ボールを見ているだけで、目線もターゲットも定まっていないのです。

ところでトラブルショットで、たとえば林の中から脱出するとき、あるいはグリーンが見えないシチュエーションなどで、ナイスショットをした経験は誰にもあるはずです。では、そういうときに限ってナイスショットが打てるのは、無理をしない、できることを精一杯頑張る、集中力が高まるなどの理由もありますが、なにより目線が定まり、狙いが明確になるからなのです。

ボールを飛ばしたい、曲げたくないと思う以上に、こういうボールを打つんだという覚

悟のほうが大事です。目線はその覚悟をつくる手段であり、覚悟の現れでもあるのです。

いずれにしても目線について、誰もがもっと真剣に考える必要があるでしょう。

スウィングの銃口は左肩、視界はいつも50対50

さて、みなさんの目線はいったいどこにあるのでしょうか。ボールが飛んでいく方向を、漠然と見ているだけではないでしょうか。それはゴルフにおける目線ではありません。

私は**スウィングに求められる目線は、アドレスしたときの、左肩の延長線上にある**と考えています。ライフル銃を構えたことを想像してみてください。

目線の先には銃口があり、その延長線上にターゲットがあるはずです。ゴルフスウィングにおけるライフル銃の銃口は、左肩になります。

さて、アドレスした状態から、真っ直ぐに左腕を肩の高さまで上げ、その伸ばした人差し指の先を見てください。はたしてアドレスで狙った方向と一緒だったでしょうか。そのズレこそが目線が定まっていないことであり、ぼんやりとターゲットを狙っている証拠でもあるのです。

トラブルショットでは狙える場所も狭いので、無意識にライフル銃の構えをしています。トラブルショットが、割合成功するのはそういう理由からなのです。もちろん失敗することもあるでしょうが、トラブルショットのときのような目線を毎ショット心がけてほしいものです。

さて、目線の次は視界ですが、視界はライフルの銃口である左肩の延長線をセンターに、上下左右の範囲が50対50になるようにセットします。ターゲットを見ながら足踏みやワッグルをして、ターゲットが視界のセンターにくるよう調整してください。

これが50対50にならないのは、体の向きと顔の向き、目線が違った方向を向いていることになります。

銃口の目線をボール1個以内で動かし左右、高低を打ち分ける

さて、再びアドレスの姿勢から左腕を伸ばし、人差し指をターゲット方向に伸ばしてみましょう。視界センターでターゲットを見据え、目線と体の向きがアジャストしました。

その状態で、ボール1個分だけ、人差し指を右に向けてみましょう。どうでしょうか。見える景色がまったく変わったはずです。使うクラブにもよりますが、ドライバーなら驚くくらい右を向いているでしょう。私がここでいいたいのは、**銃口のある左肩を通してターゲットを見据えることができれば、あとはボール1個以内の微調整で、どんなボールも打ち分けられる、**ということです。

先の例でいえば、銃口を右に向け、体の向きやスタンスも右にあわせれば、ボールは右方向に飛んでいきます。また左肩と目線だけを右に移し、スタンスをそのままに打てば右に出て左に戻るドローボールが打てるでしょう。左についても同じです。また、目線を上げれば高いボール、下げれば低いボールになります。

左肩の延長線上にターゲット

左肩はライフル銃でいうところの銃口。銃口がどこを向いているかを確認するためには、左腕を伸ばして人差し指の指す方向を左肩口（銃口）をとおして見る

ボール1個分目線を変えるだけで視界は大きく変わる

3

4

ボール半個で目線とターゲットはこれだけ変わる

写真①が最初に設定した目線だとして、②はアドレスでそれにあわせた目線。③は目線をボール半個低く、さらにボール半個左に。④は反対に目線をボール半個高く、さらにボール半個目線を右に向けた。写真ではその違いがわかりにくいが、プレーヤーにとっては視界がまったく変わる。ちなみにアマチュアの視線は高すぎる、近すぎる、あるいは漠然としすぎている

インパクトで目線をボール1個分右に向ける

インパクトの瞬間、頭がボールの後方に残っているのが、いわゆるビハインド・ザ・ボールです。いつの時代であっても、理想のスウィングであることは間違いありません。

しかし、その理想を実現するためには、「頭を残せ」、といったレッスンしかないのもまた事実でしょう。そしてその教えに従って、ビハインド・ザ・ボールでインパクトしているつもりでも、なかなかできないのがアマチュアのみなさんではないでしょうか。

さて、世界の一流選手のスウィングを分析してみると、インパクトの瞬間に頭が動かないどころか、右に動いてシャフトをしならせ、ヘッドを走らせていることに気がつきます。しかしアマチュアのみなさんにこれをやれといってもできるものではありませんし、体が悲鳴をあげてしまうでしょう。

しかし、目線だけならどうでしょうか。実際には**インパクトの瞬間、ボールを追わずにボールの1個手前に設定した、仮想のボールに目線を移すのです。**眼球を動かすだけですから、これなら体力のないシニアや女性、ジュニアであっても可能です。

アドレスではボールを漠然と見るのではなく、最初からボールの後ろ側やクラブのバックフェースを見ておくのも効果的です。

インパクトで目線を右に

インパクトの瞬間、目線を右に戻す。セットしたボールよりも1個手前に、最初から仮想のボールを設定しておくのもいい

ボールの後方、バックフェースと向き合う

ボールに構えるのではなく、ボールの後方、あるいはクラブのバックフェースが視界の中央になるように構える

ボールを脇の下に挟んで、窮屈を身につける！

すでに書きましたが、「窮屈を恐れるな」と教えてくださったのは荒川先生でした。ここから先はボール1個で、誰もができる窮屈の身につけ方を考えていきましょう。

さて、**トップの形は「傘をさすように」**というのが、荒川先生の教えでした。傘をさすのに、体から離す人はいません。また、右や左に傾ける人もいないでしょう。そんなさし方では雨に濡れてしまうでしょうし、風に吹き飛ばされるかもしれません。なにより悪天候のなかでは疲れてしまいます。

にもかかわらず、そういう構えをするゴルファーや野球選手が多いのが、先生には疑問というか不満だったようです。

それはともかく、傘をさすとき、傘を持った手の側の脇は、どうなっているでしょうか。軽く締まっているはずです。意識して締めているのではありません。締まっているのです。ゴルフのスウィングも同じです。

締めるのではなく、勝手に締まるスウィングこそが理想なのです。そこで両脇にボールを挟み、スウィングをしてみましょう。脇が開く、いわゆる脇が甘ければボールは落ちてしまいます。反対に落とすまいと力を入れれば、痛くてたまりません。落ちない、痛くないが自然なのです。

①両脇にボールを挟む

両脇にボールを挟んでみよう。実際にスウィングをしなくても、毎日の生活で上半身のシャドースウィングをするだけでも、“窮屈”が身につくはずだ

両脇にボールを挟むのは、締まったスウィングを身につけると同時に、両腕の重さを感じることにもつながる。両腕はクラブよりも“重い道具”であり、重力を使ってこのエネルギーを最大限に使うことも重要だ

②脇にボールを挟んでも落ちない、痛くもない

両脇にボールを挟んだままスイングする

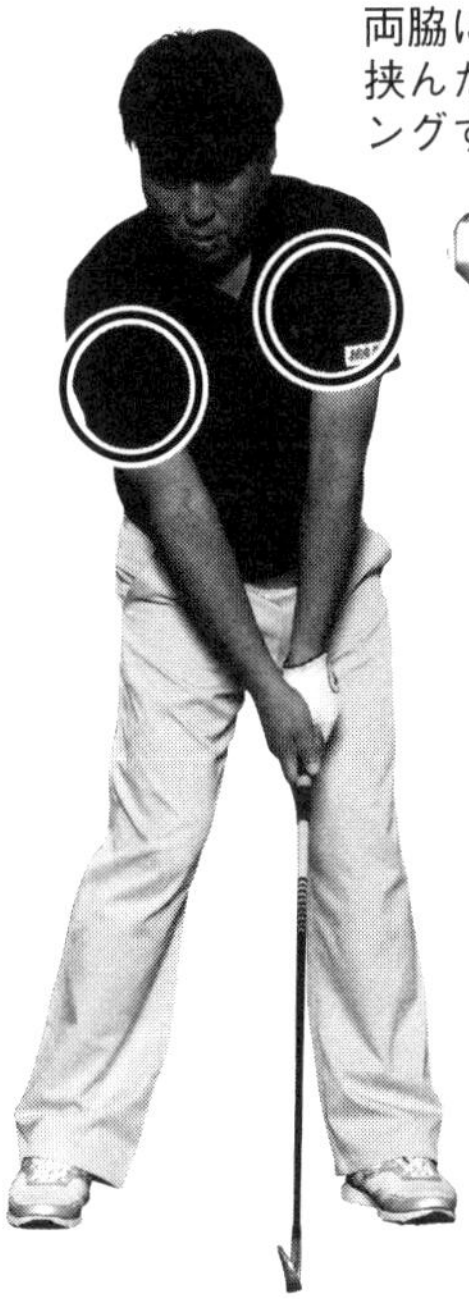

NO

脇の甘いスウィング

脇が開くと、どうしても腕、クラブが体から離れてしまいます。これが脇の甘い状態。脇にボールを挟めば、体と腕、クラブを同調させることにつながる

セットしたボールの1個半分内側を打って窮屈を身につける

一般のアマチュアのダウンスウィングはアウトサイドインが多く、スライスの原因でもあります。一方のインサイドアウトは、ドローボールヒッターに多いスウィングプレーンです。

しかし、荒川先生の遺伝子を受け継ぐ私たちが目指すのはインサイドインです。傘をさすようにトップから遠回りせずにクラブヘッドを一直線にボールに向かわせ、そのままインサイドに振り抜いていくスウィングです。

ちなみに、このスウィングを具現化したのが王貞治さんの一本足打法で、一塁線上に上がったボールは切れることなく、ライトスタンドに突き刺さりました。ゴルフでいうところのパワーフェードです。

さて、このインサイドインのスウィングを身につけるための練習です。

ボールを普段どおりにセットします。そのボールに対して、写真のように自分から見て少しボールを離して1個半分近くにもう1個のボールを置きます。

アドレスでセットするのは遠くのボールですが、実際には近い方のボールを打ってみましょう。飛ばそうとするのでなく、あくまでもちょっとした窮屈さを感じてください。スウィングの緩みがなくなります。

普段より、1個近く、1個右側のボールを打つ

1

2

3

外側のボールでアドレスしたら、内側のボールを打つ。アマチュアは遠く、左に構える傾向があるので2個分内側でもいい。実際に打たなくて、アドレスからインパクトまでのシャドースウィングだけでも、窮屈を感じられる。最短距離でダウンブローのインサイドインのスウィングプレーンが身につく

ボールひと転がり分先に構え、ハンドファーストの形をつくる

アマチュアの方が苦手なもののひとつに、グリーン回りのアプローチがあります。

アプローチが苦手だと、スコアメイクはまなりません。そこでボール1個を使ったアプローチの練習法と、上達のヒントを紹介しましょう。

まず実際に打つボールのひと転がり先、飛球線上にもうひとつボールを置きます（左ページ写真上A）。アドレスしたら、まずその先のボールに構えましょう。その体重配分と腕の形をキープしたまま、構えのまま、クラブだけ手前のボールにセットします。

ロフトの大きなクラブを使うアプローチは、どのショットよりもハンドファーストでインパクトを迎えなければなりません。ところがアプローチの苦手な人は、このインパクトの形がつくれないのです。そこで最初からハンドファーストのインパクトの形、厳密にはボールをひと転がりさせた形をつくってあげるわけです。

最初からハンドファーストをつくっておけば、コックの動きも抑えられ、必要以上に高いボールを打つこともありません。また左体重にしておくことで、ムダな体の動きも抑えられます。ひと転がり分、先にあるボールに当てる、もしくはかするボールを打つことで、

ハンドファーストのインパクトを体に刻む

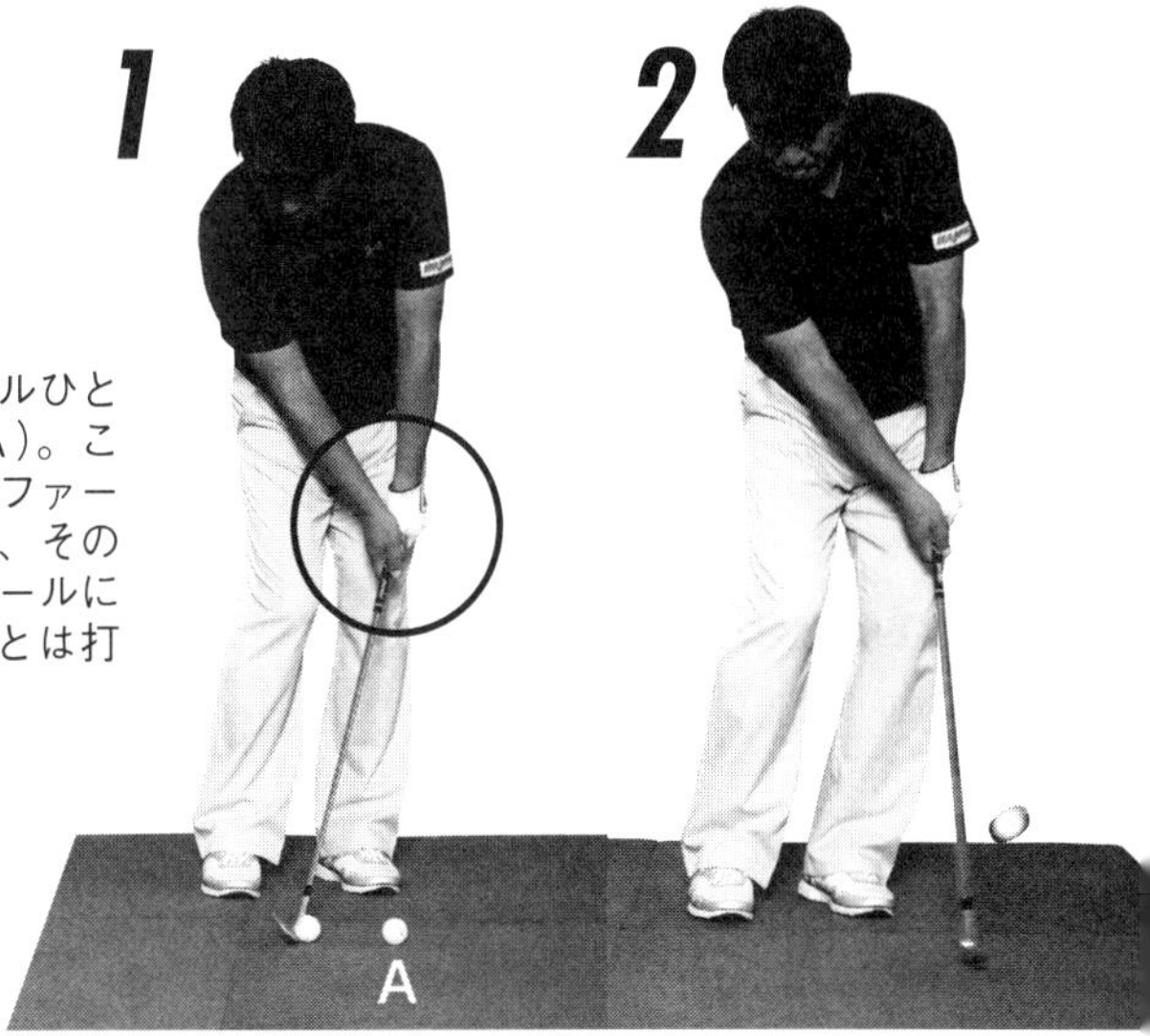

最初に構えるのはボールひと転がり先のボール（A）。これに当たるようハンドファーストの形をつくったら、その形のまま実際に打つボールに構える（写真①）。あとは打つだけ（写真②）

ロフトどおりの出球が出せるようにもなります。これはアプローチの基本、ピッチエンドランを身につけることにもつながります。

NO

ボールに届いていないアドレス

ロフト以上の高い球が出るのは、ハンドファーストの形ができずボールに届いていないため

アプローチはボール1回転、パットはボール2回転が勝負の決め手

アプローチの基本は転がしですが、どうしても上げなければならない、という場面があります。ハザード越えであったり、ダウンヒルのグリーン、あるいはアゴの高いバンカーショットなど、やはりコースに出れば、そういう状況に出くわします。

さて、こうした状況で一番やってはいけないのが、減速してインパクトを迎えることです。とはいっても飛びすぎて大けがをするのが怖くて、思いきり加速して振れない気持ちもわかります。

では、どうしたらいいのでしょうか。それは最初から飛ばない構えをつくることです。フェースは閉じるより開けば飛びません。ボールは右にあるより左、体重は左よりもセンターか右……といった具合です。大きく振っても、加速させて振っても飛ばないポジション。これを探すためには、練習場でティアップしたボールを打ってもいいでしょう。**イメージ的にはフェースにボールが乗った瞬間、1回転するように加速させてみましょう。**

パッティングもまた出球からボール2回転分の距離を目標方向に打ち出せるかどうか、が勝負だと思っています。この出球からの距離に集中することはとても大切なのです。

アプローチ

フェースに乗った瞬間、1回転

アプローチでは飛びすぎをおそれて緩むことが、ダフリもトップも、シャンクも出る原因だ。加速してインパクトを迎えるためには、どんなアプローチも、フェースに乗った瞬間、ボールが1回転するイメージ

ボール1回転の
イメージをここで持つ

パット

パッティングは出球の2回転

パッティングは思ったところに打ち出せるかどうかで勝負が決まる。出球からボールふた転がり、約30センチ先に置いたボールに当てる練習はプロもやっている。ここが一番目の勝負。あとは距離感だが、カップからボールひと転がり先まで打てるかどうかも大切

クラブをボール1個分短く持ち、また逆にボール1個分長く持つ

さて、みなさんは持つクラブの長さについて、考えたことがあるでしょうか。いままでのクラブの握りから、ボール1個分、長さを変えるだけで、まったく違うゴルフの世界が広がります。

まず、総じてアマチュアはクラブを長く持ちすぎる傾向があります。長く持つほうが飛ぶと思うのでしょうか。グリップエンドに小指をかけて握る人が少なくありません。

もちろん長く持てば、遠心力が大きくなりますから、物理的には短く持つよりは飛びます。しかし、これには、あくまで当たれば、という条件がつきます。

一般にクラブは短く持ったほうが操作性が上がり、ミート率も高くなります。そのため多くのアマチュアは、短く持って軽く振ったほうが飛ぶことは多いでしょう。もっともドライバーはともかく、アイアンはボールを止めるクラブであって飛ばすクラブではありません。長く持つ理由はないのです。

プロたちの写真を見ても、グリップエンドに指をかけている選手はまずいません。指2～4本、ちょうどボール1個分は短く持っています。少なくともプロより長く持つ理由が

あるでしょうか。

長く持って練習すれば、難しい“間”がつかめる

もっとも、長く持つことも悪いことばかりではありません。

長く持つのであれば、もっと大胆に長く持ってみましょう。ただし、あくまでも練習のためです。

グリップエンドが左手の小指と薬指を外して握ります。その状態で素振りをしてみましょう。

このボール1個分、クラブを長く持った素振りの効果は、次のようなものが考えられます。

①リキみがなくなる
②ヘッドの重みが感じられる
③リズムがよくなる
④クラブの仕事量が増える
⑤ダウンスウィングの順番がよくなる
⑥ダウンで右ひじにVができる
⑦腕とクラブがしなる
⑧リストが返せるようになる
⑨フェースが返せるようになる
⑩アーリーリリースが防げる
⑪間が感じられ、身につく

というものです。

いずれにしても、いいことだらけの練習です。クラブをボール1個分、短く、長く持って、自分のスウィングをつくりましょう。

クラブをボール１個分短く

クラブの操作性が高まるとともに、構え、スウィングともコンパクトになり、ミート率も高まる。アマチュアは長く持ちがちなことを自覚するところから始めよう

ボール１個分長く持つとりきみが取れ丸いスウィングに

クラブをボール１個分長く持つ。するとクラブの運動量が増え、振るよりも振られる感覚が身につく。なにより目には見えない“間”の習得につながるかも。リズムの悪い人には、ぜひともやってほしい練習だ

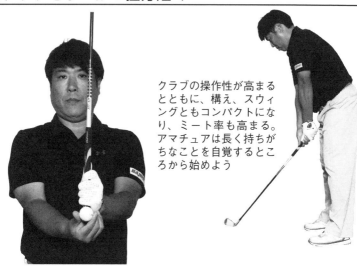

第2章

プロに伝えるゴルフの奥義

~チーム辻村が追い求めるゴルフとその先~

スウィングは△のなかで完結する○運動である

まず最初にチーム辻村の考える、スウィングの基本について説明します。それを踏まえた上で、この章では私が選手とともに取り組んでいることを紹介していきましょう。

一般にスウィングは、体重移動と回転による運動とされています。私もそれを否定するものではありません。ただ、これが多くのゴルファーを悩ませ、混乱させている一因になっています。

とかくゴルフ界では、体重移動と回転はどちらが先か、どちらが重要か、あるいはスウィングを体重移動派、回転派に分けたがりますが、それにはほとんど意味がありません。なぜなら体重移動と回転は、同時に起きる運動だからです。

たしかに言葉や文章では、別々に順番に説明しなくてはなりません。

しかし、実際のスウィングでは同時に行われるものなのです。

野球やテニス、サッカーでも、ふたつの動きが同時に求められるスポーツはたくさんありますが、別々に取り出してあれこれ考えるのはゴルフだけでしょう。必要以上にゴルフを難しくしている原因です。

ヘソと両足親指つけ根でつくる三角形を意識する

すでに第1章で紹介しましたが、スウィングにはふたつの三角形があります。ひとつは肩と両腕がつくる上半身の三角形。そしてもうひとつがヘソと両足でつくる下半身の三角形です。ちなみに前者について考えるゴルファーは多いのですが、後者を意識する人はほとんどいません。しかしスウィングでなにより重要なのは、このヘソと両足のつくる三角形だと、私たちは考えています。

これを教えてくださったのは、荒川先生でした。

「スウィングはヘソと両足（親指つけ根）でつくる三角形のなかで完結する円運動」

は、先生の遺してくださった言葉です。ちなみに先生によれば、あらゆるスポーツ、武芸の理想の動きは、このヘソと両足のつくる三角形のなかで完結する動きだといいます。

さて、みなさんにとってまず大事なのは、まずはこの三角形の意識を持つことです。具体的にはアドレスで、きれいな二等辺三角形をつくります。

次にスウィング中に意識したいのは、次の3点。

①アドレスからインパクトまで三角形の頂点（ヘソ）の高さを変えない。

②バックスウィングでは手が右腰の高さ、ダウンスウィングでは手が右腰から左腰の高さまでは三角形が真正面を向く。

③三角形の軸を傾けない。

というものです。

氣（意識）が心を動かし、心が体を動かす

「三角形のなかで完結する円運動」とは、具体的には写真のように、アドレスで二等辺三角形、トップとフィニッシュでは反対の直角三角形になることです。そのために重要な意識が、前ページの3点でした。

ただし、この3点については自分の体力や年齢、体の柔軟性やゴルフのレベルによって“なるべく”で構いません。というのも、この3つを忠実に守ろうとすれば、円運動はギスギスするか、ときに直線運動になってしまうからです。ですから体の硬い人がクローズに構え、最初から三角形を右斜め方向に向けたり、ヒールアップして多少三角形が変形しても、それは許容範囲だと思ってください。

ただし、①のヘソの高さだけは変えないように頑張ってみましょう。

「氣が心を動かし、心が体を動かす」

も、荒川先生が遺してくれた言葉です。氣を意識に変えても通用する言葉でしょう。大事なのは△と○を強く意識し、スウィング中はその意識を持ち続けることです。

アマチュアに多いアウトサイドイン軌道は、三角形の形が崩れているばかりか、三角形からはみ出た上半身中心の円運動になっています。また伸び上がりの振り遅れについても、同じことがいえるでしょう。

そもそもスウィングはわずかな時間です。その間に体重移動だ、回転だ、腕の返しだ……と、多くのことを考える余裕はありません。しかし、△と○くらいなら氣を向ける（意識する）ことならできるはずです。

ヘソと両足のつくる三角形のなかで完結する円運動

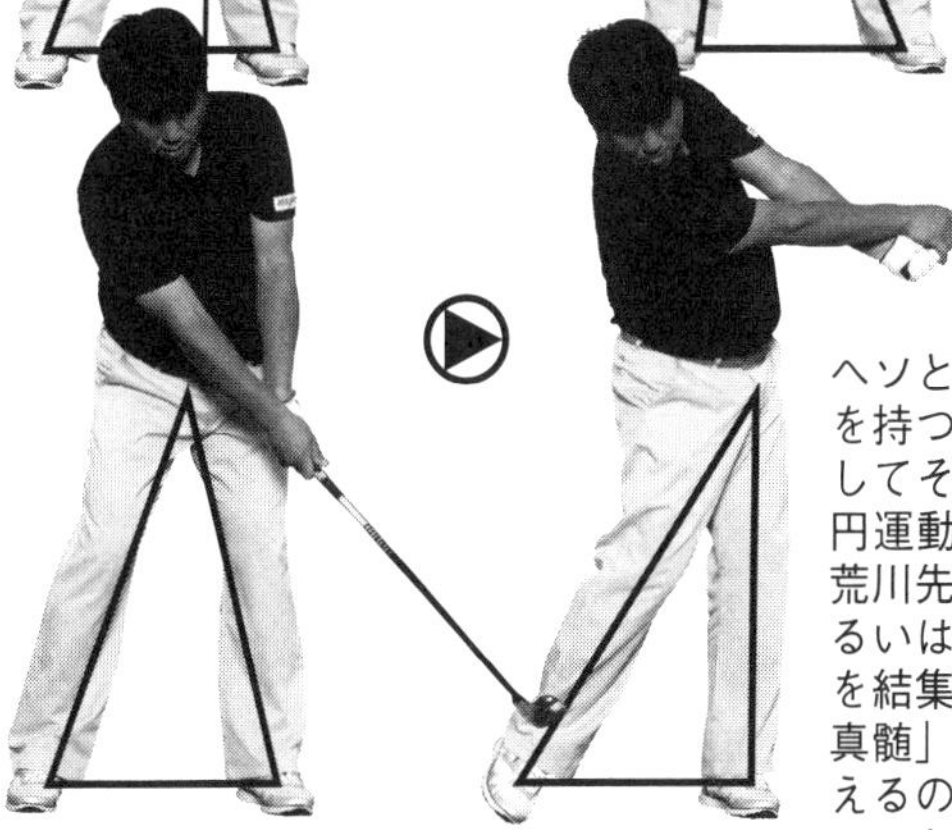

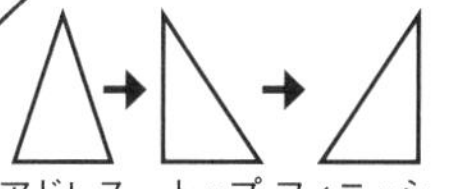

ヘソと両足のつくる三角形に意識を持つことがなによりも大事。そしてその三角形のなかで行われる円運動がスウィングである。故・荒川先生が合氣道や居合抜き、あるいは呼吸法など、あらゆる叡智を結集してつくりあげた「打撃の真髄」でもある。いずれにせよ考えるのではなく、そこに意識を持つことがなにより肝要だ

NO

ヘソの位置が上下する三角形

ヘソの位置はダウンで多少は下がるが、ボールに向かう下がり方でなくてはならない。スウィング中に上がることはない

真正面を向かず崩れた三角形

バックスウィングでもダウンでも、手が腰から腰までの位置では三角形は真正面を向く。特にダウンのビジネスゾーンでは意識したい

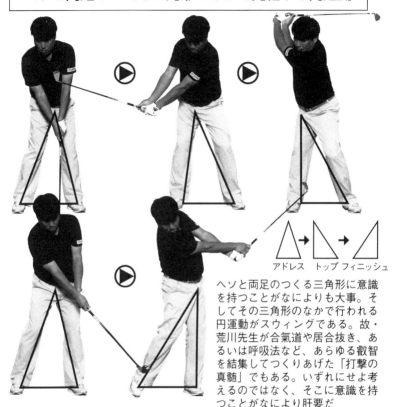

三角形をつくり粘りを体感する
右足の親指先と左足の小指先

ヘソと両足の親指つけ根でつくる三角形は、下半身の粘りによってつくられるものです。特にダウンスウィングからインパクト、フォローにかけて左足の強い踏み込みや蹴り、インパクトからフォローにかけては右足の蹴りが求められます。

ただし、求められる下半身の粘りとは、このような体の動きだけで生まれるものではありません。ややもすればレッスンは体の動きばかりに注目しますが、重要なのは目には見えない重さだったり、ちょっとした我慢強さだと私は考えています。

その意味では第1章（80ページ）で紹介した、両足の親指つけ根でボールを踏んでのシャドースウィングは、きれいな下半身の三角形と粘りをつくるいい練習です。

さて、ここでは一歩進んで、アマチュアに多いスウィングの特徴にあった、三角形のつくり方と下半身の粘りを身につける方法を紹介します。

まず多いのが、ダウンスウィングで右ひざが外回転するタイプ。こういう人はアドレスした右足の親指の先にボールを置き、これが動かないようスウィングします。

ダウンで左足裏が大きくめくれてしまう人は、反対に左足の小指先にボールを1個置き、同じようにこのボールが動かないようスウィングします。

ハーフスイングで構いません。まずは三角形をつくり、ボールを置いて粘りを体感してみましょう。

右足にボール

YES

右足の外回り防止のため、右足の親指先にボールを置く

まったくボールに当たらないようにスウィングする

NO

右足が外回転することで、ボールを蹴ってしまう

左足にボール

YES

左足のめくれ防止のため、左足の小指先にボールを置く

左足を強く踏み込み、めくれないように“ちょっと”我慢する

NO

足のめくれが大きくなると、軸が傾いてボールを蹴ってしまうことも

頭のてっぺんから自分を貫き、地球の中心まで届く軸のイメージ

ヘソと両足がつくる三角形とともに、私たちが大事にしているのが軸の意識です。スウィングにおける軸は、誰もが重要だと考えてはいますが、しかしスウィング中に忘れてしまいがちなものでもあります。

少なくともアドレスでは、より具体的に軸を意識することが大事です。軸が自分の体のどこからどこを通り、どう傾いているのか。それればかりでなく長さ、太さや色、熱を想像することでも構いません。

その上であくまでも私のイメージは、宇宙の先から降りてきて、頭のてっぺんから自分の体を貫き、地球の中心まで届く1本の鉄棒、といったものです。

あまりにも壮大な話に聞こえるかもしれません。しかし、私たちにかかっている重力とはそういうものです。地球でゴルフをする以上、軸もまた重力に逆らうことはできません。もっとも、あくまでも私のイメージですから、参考にするだけで結構です。

頭にヘッドカバーを乗せ、毎日、素振りをしてみよう

軸はつくるものではなく、感じるものだと私は思っています。そこで軸を感じるために、

私たちはヘッドカバーを頭に乗せた素振りをよくしています。ヘッドカバーは難しいので、小さなタオルでも構いません。軸が前後左右に傾いたり、あちらこちらにブレるようではヘッドカバーは落ちてしまうでしょう。

しかし、ここでも大事なことは「ヘッドカバーを落とすな」ということではありません。「ヘッドカバーを頭に乗せてスウィングすることで、軸を感じる！」ということです。

最初は毎回、落ちてしまったとしても、何回か続けていくうちに落ちる回数が減ります。また最初はスウィングの早い段階、たとえばテークバックを始めた瞬間に落ちてしまったものが、トップになり、ダウンスウィングになり、インパクトになり、やがてフィニッシュでも頭に乗っているかもしれません。あるいは最初はおっかなびっくり小さく、ゆっくり、弱々しく振っていたものの、やがて大きく、早く、強く振れるようになるでしょう。

軸をつくる、のではなく、軸を感じる、のです。小祝さくらプロはこれを感じるのに3ヶ月かかりました。これもまた「論より結果」です。

YES

軸を地球の中心まで貫け

頭の上に真っ直ぐ立てて乗せたクラブ。これが体の中心を貫き、地球の中心まで届くイメージ。体全体を包む太い筒という選手もいれば、眉間の間を通る細い線という選手もいる。そのイメージは自由でいいが、「地球の中心、できれば裏側まで貫通するイメージだけは描いてほしい」

チーム辻村が考える軸のイメージ

NO

ダウンで右足に体重が残り、振り遅れて軸が右に傾く

打ち急いでクラブが外から下り、軸が左に傾く。多くは上体のリキみが原因

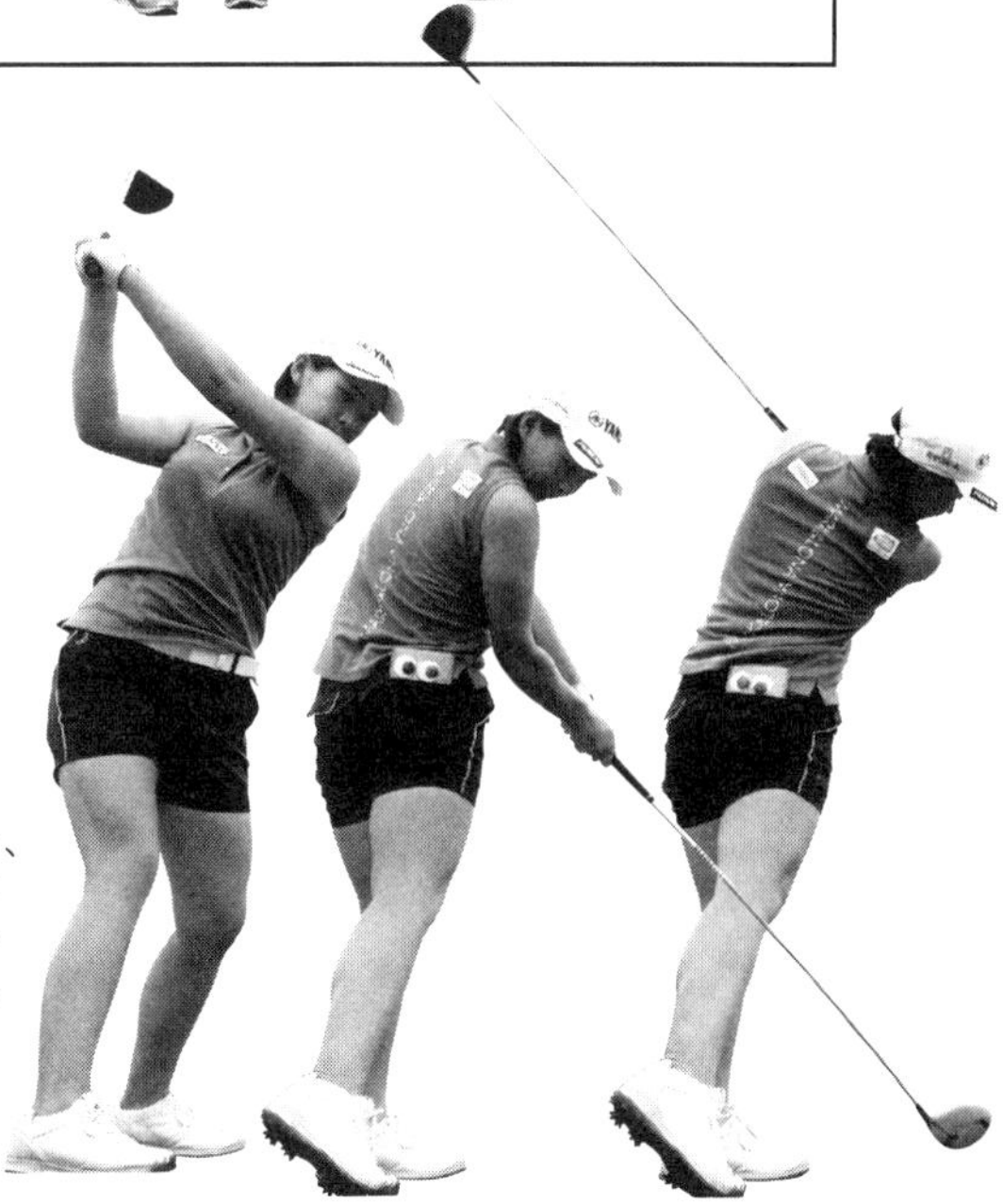

しっかりした軸があるから、どんなに強く振ってもスウィングがブレない。バランスのいいフィニッシュもしっかりした軸の証明

「落とさなようにスウィング」するのではなく、「落としてもいいので軸を感じてスウィング」することが大事。実際、思い切り振れば、インパクト直後のエネルギーでヘッドカバーは落ちることが多い。落とすのであれば、インパクトからフォローで右方向に落ちるのが理想。ビハインド・ザ・ボールになっているからだ。バックスウィングやダウンスウィングの早い段階で落ちたり、インパクト直前からフォローで左方向に落ちるときは、なるべく落とさないように意識して振ってみよう。ヘッドカバーでは難しいので最初は小さく畳んだタオルかフェースタオルで挑戦してみよう

頭にヘッドカバーを乗せてスウィング

YES

プロも練習で取り入れているヘッドカバー乗せ

NO

ダウンで右に傾いた軸

ダウンで左に傾いた軸

インサイドインは回転と移動が生む究極のボディターン

私が選手たちに、もっともやらせることの多い練習のひとつです。実際に試合会場の練習場などで、上田桃子プロや小祝さくらプロなどがやっているのを見たことがあるかもしれません。

ターゲットラインと平行になるように、腰の高さに1本のロープを張ります。それに向かってロープがアゴの下にくるよう、ロープの手前側でクラブを持ちます。

あとはこのロープに当たらないようにクラブを上げ、当たらないようダウンスウィング、そして振り抜いていきます。当然、ダウンスウィングもロープの内側に下りてきます。そしてインパクトをすぎて、やはりロープの内側を振り抜いていきます。

このスウィングを身につけると、とにかく力強いボールが打てます。ボールが捻れなくなります。つまり飛んで、曲がらないボールを打つための、究極のインサイドインのスウィングです。

このロープを使って、腕の動きを確認するだけでも構いません。特にアマチュアの多くはアウトサイドイン軌道が多く、すでにトップの切り返しの段階で手元がロープの外側にきているケースがほとんどです。それがスライスと飛ばない理由にもなっています。

究極のスウィング・インサイドイン

最初はゆっくりで構わないので、ロープに当たらないように振ってみよう。正しい軌道がマスターできる。感じてほしいのはこの窮屈さであり、“ちょっとの我慢”。理想のクラブの動きは「上から内から」の最短距離で振り落とし、体の回転で抜けていく

インサイドアウトの軌道

NO ～内から下から～

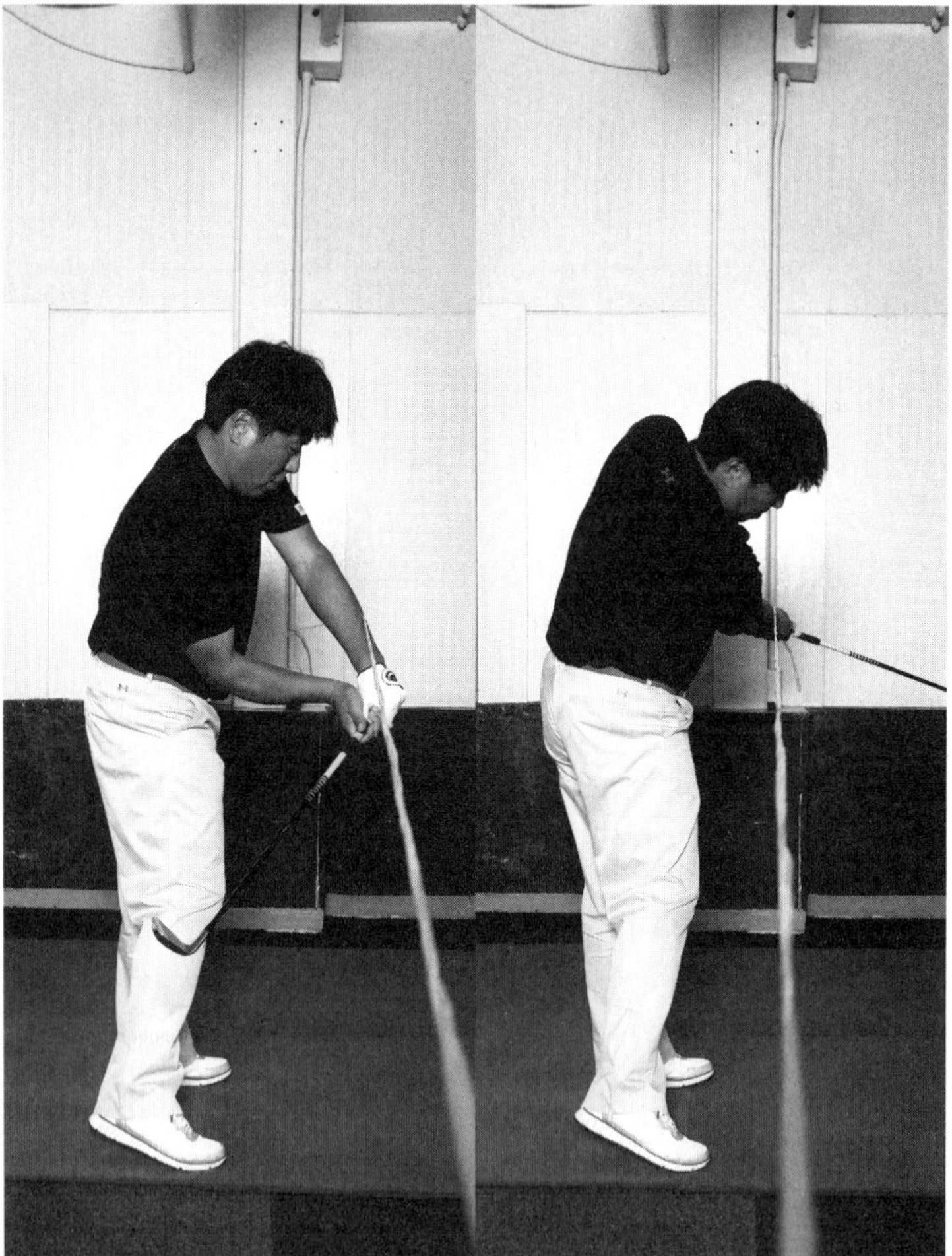

クラブが内から下からの、極端なインサイドアウト。自分ではコントロールできないフックボールやチーピンが出やすい

アウトサイドイン軌道

NO ～上から外から～

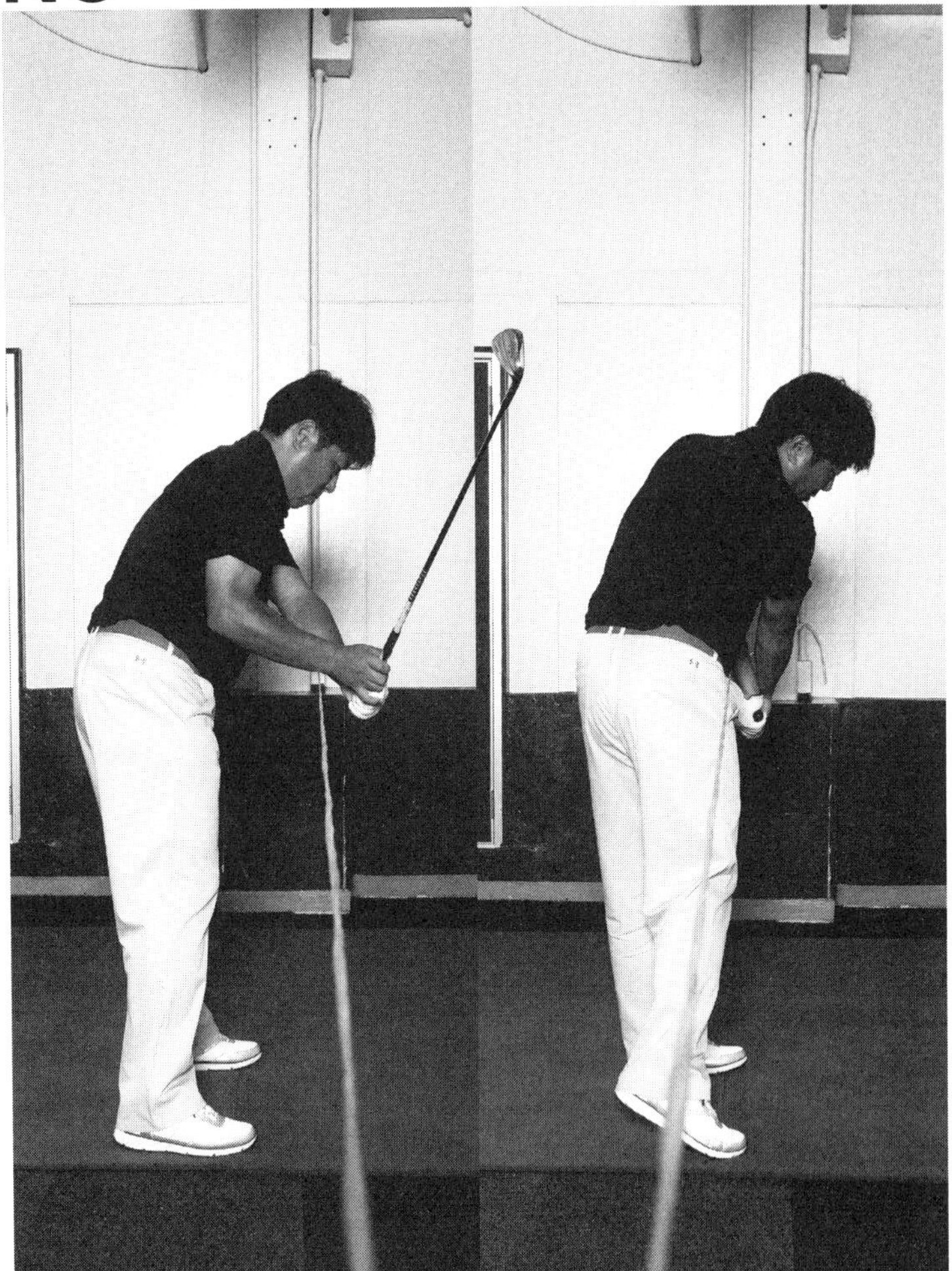

クラブが上から外からの、アマチュアに多いアウトサイドインのスウィングプレーン。すでにトップの切り返しで、手元がロープの外側に

素振りは打撃の基本中の基本。ひと呼吸の連続素振り

私たちの考える〝当たり前〟とは、道具であるクラブに思う存分、仕事をさせることです。しかし道具を使うスポーツのなかで、ゴルフほど道具を振る練習、つまり素振りをしないスポーツもありません。

さて、私がゴルフコースで初めて荒川先生の指導を受けたとき、**最初に命じられたのが素振り**でした。

「王や長嶋《ながしま》（茂雄《しげお》）はチームの中で、一番素振りをやった。だから一番打った選手でありスターなのだ」

そういわれて、命じられたのです。

それまでに何度かお会いするなかで、現役時代の王さんと長嶋さんは、1日平均300回の素振りをしていたとも聞かされていました。

さて、素振りを命じられ、実際にやってみるまで、300回の素振りがそれほど大変なものだとは思いませんでした。というのも野球のバットに比べゴルフクラブは軽いですし、時間はかかるでしょうが、簡単にできると思っていたのです。

ところが実際にやらされてみるとビックリ。**ひと呼吸したら息を止めて、それでブンブン振り回せというのです**。最初は7回しかできませんでした。その日はハーフを回ったのですが、その9ホールすべてのティーイングエ

リアで命じられました。

数こそ徐々に増えはしましたが、それでも最終ホールで11回が精一杯でした。全ホール足しても、100回にもなりません。

ちなみに王さんや長嶋さんの、現役時代の300回というのは、ひと呼吸で30回の素振りを10セットだったといいます。

余談ですが翌日、私と上田桃子プロは、半日を予定していた練習を1時間ちょっとで早々と切り上げました。恥ずかしながら2人とも、太ももの内側の筋肉がパンパンに張り、動けなくなっていたからです。

ひと呼吸の反復が、体に正しい動きを覚え込ませる

それはともかく、すでに述べたようにスウィングは形状記憶合金のようなものです。悪い動きを繰り返していれば、それがあなたのクセになって独特なスウィングになります。

もちろん、それが悪いことではありませんが、どうしても人間はラクな動きをしてしまいますから、クラブが思う存分、仕事をするような動きにはなりません。

一方、**反復練習の良さは、いい動きを体に覚え込ませる、**ということです。これは実際に連続して素振りをやってみればわかりますが、悪い動き……たとえばフィニッシュでバランスが崩れる、極端なアウトサイドイン軌道など……では、連続での素振りがやりにくいことがわかります。

くわえてひと呼吸の連続は、体のムダな動きばかりか、ムダなリキみも削ぎ落としてくれます。

上田桃子プロのひと呼吸の連続素振りも、当然のことながらインサイドイン。この練習だけで体が強く、軸も太くなり、なにより強いボールが打てるようになる

ひと呼吸の連続素振り

ひと呼吸を知る

ひと呼吸は、飲んだ水がヘソ（臍下丹田）にスッと落ちるイメージ

息を止めて連続素振り

その状態で息を止めてとにかく振る。
最初は5回を目指す

実戦で使える素振りのテクニック

素振りの話をしたついでに、実戦で使える素振りの仕方についても紹介しておきましょう。

プロの試合を見ていると、どんなボールを打ちたいか見えることがありませんか。特にタイガー・ウッズや石川遼《いしかわりょう》プロなどは、実際に打つよりも大げさな素振りをして、これから打つボールのイメージを体に植えつけているかのようです。そういう意味で素振りは大切なリハーサルであり、れっきとした技術であることを理解しましょう。

さて、みなさんはどこで、どこを見ながら素振りをしているでしょうか。ボールの真横に立って、ボールだけを見て素振りをする人がいます。私には、上手く当たるかどうかの不安ばかりが伝わってきて、球筋がまったく見えません。

上手な素振りは、まずターゲットを見て、ボールの見える後方に立ちます。後方のどこに立つかは、打ちたいボールによって変わってきます。というのも素振りはボールに向かって踏み込めば、その方向によって球筋が変わるからです。具体的には飛球線の左側から離れて立ったらドローボール、やや近めならストレート、ターゲットライン上に立てばフェードボールの素振りになります。

また**目線によっても、打ちたい球筋が変わります。**目線を上げればフィニッシュも高くなり、当然ボールも上がります。逆に目線を下げれば、低いボールになるでしょう。こうした効果を利用して、インサイドアウトで極端なあおり打ちの人は目線を下げる、反対にアウトサイドインでスライスしか出ない人は目線を上げる素振りをする、というテクニックもあります。

目線については、「50ヤード先のビルの3階に目線をあわせて6階の高さにボールが上がる」が、ドライバーの理想だと思っています。まずは踏み込む方向と目線を意識し、素振りにより頭の中でボールを打ってみましょう。また、アマチュアの目線は高すぎることも覚えておきましょう。

飛球線後方からボールに向かって、ストレートボールをイメージした素振りしてから打つ

ヘソがコントロールする、スウィングの始まり

スウィングはヘソがコントロールする、とは、すでに述べました。そのためにヘソのボール1個分下、ベルトの位置あたり、いわゆる臍下丹田に意識を持つことの重要性も述べています。

実際にスウィングの始まりも、この一点に気持ちを集中させた臍下丹田から始めます。ただし、ここにあるのは意識ですから、目に見えるように大きくヘソを動かせというわけではありません。

そこで水の入ったペットボトルを使います。クラブヘッドの後ろにペットボトルを置きます。手や腕の力で動かすのではありません。手や腕の形はアドレスのままにして、臍下丹田に意識を集中させ、体全体で動かしてみましょう。

手だけで動かそうとすれば、ヘッドは上がりペットボトルから外れて、後方には押せません。また体を大きく動かしてペットボトルを動かそうとすれば、押せたとしてもペットボトルが後方に真っ直ぐには動きません。

クラブをいいトップに上げるために、テークバックでペットボトルを真っ直ぐ動かさなければなりませんが、そのために必要なのが臍下丹田への意識であり、これを動かすことによってスウィングが始まるという感覚です。

臍下丹田を意識してスウィングを始める

両手

ペットボトルがクラブヘッドから離れるまでゆっくりと100％集中して上げること

水の入ったペットボトルをヘッドの後方に置く。体を大きく移動させたり、腕や手の形を変えずに、ペットボトルを真っ直ぐに動かす。ヘッドがペットボトルから離れるまで、ゆっくりと、そして100％集中力で。この意識だけでスウィングが安定する。いまでも小祝さくらプロがよくやる練習

左手のみ

上記の両手ができるようになったら、左右それぞれ片手でもやってみる。特にスウィングをリードする左は重要

ダウンスウィングで目線は、インパクトの入り口を見続ける

アドレスからインパクトまで、ボールを見続けることはとても大事です。しかし、ただボールを見るのではなく、ボールのどこを見るかを、私たちはとても大事にしてきました。

そこに気づくまでの経緯を少し説明します。

私が正式に上田桃子プロのコーチになったのは、２０１４年7月のセンチュリー21レディスからでした。２０１３年、最終戦でなんとかシード入りを果たしましたが、その頃、上田プロは不調のまっただ中にいました。それを救ったのがアドレスからインパクトまでの目線であり、ボールのどこを見るかでした。

結論を急げば、私は**アドレスからインパクトまではボールの右側、つまり飛球線の後方側を見るべきだと考えています。**インパクトにおける入り口は、ボールの真上ではありませんし、まして左側でもありません。この入り口に目線があるからこそ、体重がボールに乗り、力強いボールが打てるのです。

みなさんにもやってほしいのが、ゴルフバッグを立てて、その横側を叩く練習です。はたしてその瞬間、バッグの右側、つまりインパクトの入り口が見えているでしょうか。これが見えていないとなると、軸が左にズレてしまっている証拠なのです。

インパクトの入り口から目をそらすな！

ボールを真上から見てしまうアマチュアがいるが、ボールは飛球線後方延長上の自分から見て右サイド、つまりクラブヘッドのボールへの入り口を見る

バッグの右側面を右手（左手）で叩いた場合は、手の甲（手のひら）がしっかり見えるようなインパクトを心がける

クラブの先から動く人は椅子に座って振る

スウィングはヘソ（臍下丹田）に意識を持ち、そこに集めた重心がコントロールすることは、すでに何度も述べています。

ところがヘソよりも先に手や腕、ときに体がムダな動きをしてその結果クラブの先から動いてしまう人がいます。こういう人にぜひやってもらいたいのが、**椅子に座ったままの素振り**。この練習によって、クラブと体の動きを同調させましょう。

まず椅子に座っていることで、下半身の動きが制限されます。そのため手でクラブを動かそうとすれば、フラットに振ることはできません。フラットに振るためには腕とクラブが常に体の真正面で同調しなくてはなりません。

下半身の動きは制限されますが、だからこそトップで右股関節の張りが感じられます。前章でアドレスではボール1個を股関節に埋め込む意識の重要性を書きましたが、十分な捻転差をつくり出そうとすれば、この感覚がわかるでしょう。スウィング中の腹筋背筋などの使い方、また体の動きによって腕を加速させること、ダウンで右ひざがボールを叩く感覚、軸の安定なども身につくはずです。実際にボールを打つときには、ひざ立ちスウィングも同じ効果が期待できます。

椅子に座るからこそ、下半身の役割もわかる

トップでの右股関節の緊張感や、インパクトのあとの右ひざが床につきそうな動きは、椅子に座って体の動きを制限されたからこそ理解できる下半身の役割といえるだろう

椅子に座って振る練習の効果

椅子に座って振る練習には、下半身の役割を知り、その使い方を覚えるだけでなく、さまざまな効果がある

1 体とクラブが同調する

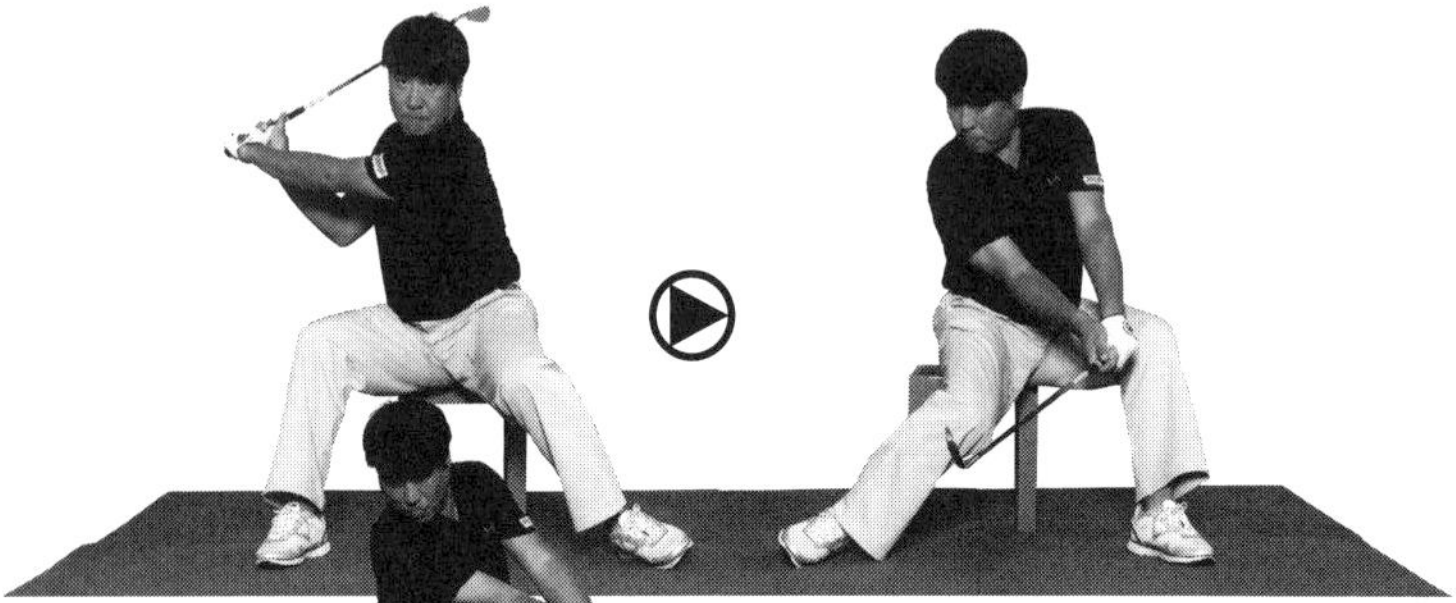

座っての素振りでは常にクラブが体の中央にあるために、クラブと体が同調する効果がある

2 ダウンでの右ひじの使い方を覚える

YES

椅子に座ると横振りしかできないので、ダウンで右ひじが体の近くを通ることが覚えられる

NO

写真のようにダウンで右ひじが開く人には振れないため、より効果がある

3 ダウンでシャフトを寝かせない

座っての横振りでは、ダウンでシャフトを寝かせるわけにはいかない。
これは立って振るときに、シャフト立てて下ろす動きと一緒

4 インパクトからフォローでの自然な腕のローテーション

座って振り抜くためには、腕の自然なローテーション、結果としてクラブのフェースローテーションが身につく

5 インパクトで右ひざがボールを叩くイメージ

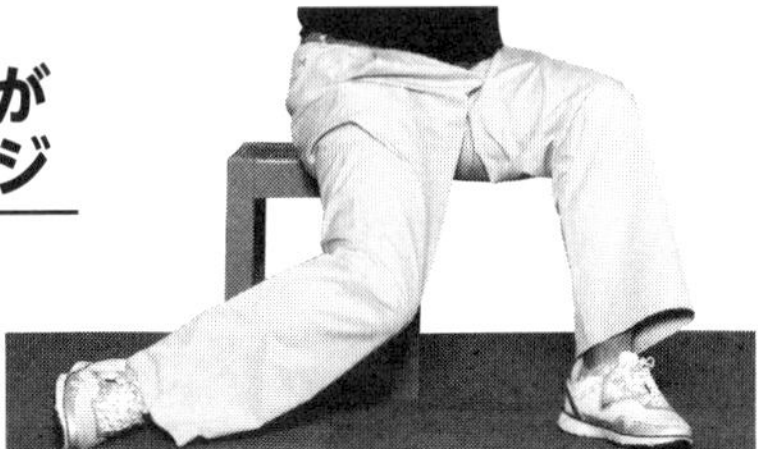

同じ理由からインパクトからフォローでは、右ひざがボールに向かって自然に動いている

タオルは魔法の練習用具である

私ほど、タオルを練習用具に使っているコーチはいないと思います。

選手のスウィングを見て課題を見つければ、身の回りにあるなにかが使えないか、と常に考えてしまうのが、悲しいかなコーチの習性です。

タオルに限らず、傘であれ、ヘッドカバーであれ、ときにはスマホであれ、ありとあらゆるものを練習道具として使います。休日にはホームセンターに走って、材料を集めては練習器具を作っているような日常です。

それはともかく、タオルは最適な練習器具です。

形が変形しやすく地面に置けばヘソプレーンも描けるし、握りやすいのでいろんな振り方もできます。グリッププレッシャーの強すぎる人にはタオルをグリップに巻き、フィニッシュで左足がめくれる人は裸足にさせ、足の指でタオルをつまむように振らせたこともあります。

さて、今回はそんななかから、みなさんにぜひやってもらいたい、タオルを使った練習方法をいくつか紹介しましょう。

試合会場でのタオルを使った練習風景。コーチ自らがデモンストレーションをして、なんのための練習かを選手たちに理解させている

タオルはゴルフ上達の必須アイテム。チーム辻村がもっとも使っている万能の練習器具。タオルの先を結び、水で濡らすことでヘッドが走る感覚が素早く身につく

アマチュアはタオルでリリースの順番を覚えよう

タオルを使った練習の効果にはさまざまなものがありますが、まずアマチュアの方に身につけてほしいのがリリースの順番です。というのもリリースはダウンスウィングの最後の最後にくるものですが、アマチュアの方はダウンの早い段階でやってしまうからです。いわゆるアーリーリリースで、これが飛ばない、曲がる、そしてクラブがまったく仕事をしてくれない大きな理由になっています。

左ページの写真は上田桃子プロの試合会場での練習風景ですが、タオルの先端を結んだら普段通りに構え、トップでは右肩に、フィニッシュでは左肩にタオルを乗せるように振らせます。テークバックを手だけで上げたり、ダウンでリリースが早ければこうはなりません。タオルはたわんで、体に巻きついてしまうでしょう。

このほかにもタオルを振るだけで、トップの切り返しのタメや間ができる、フォロースルーが加速する、裏腰の順番でダウンができる、前傾姿勢が保ちやすい、適度なグリッププレッシャーが身につく、上体の開きが抑えられ、下半身の粘りが身につくなどなど。論より結果です。1日5分でいいので、1ヶ月続けてみましょう。

タオルが究極のスウィングを教えてくれる

実際にチーム辻村の選手たちが、普段からやっている練習。プロだからできる難しい練習だと思っている人もいるかもしれないが、ゴルファーなら誰もができる練習であり、誰もが上達できる練習

POINT 2

ダウンは下半身リードで。腰の下側から動かさないと、右肩に乗ったタオルは動き出さない

POINT 1

バックスウィングは右肩から首にタオルを乗せるように。自然と体の近くにテークバック

POINT 3

ダウンはなるべく体の近くに下ろす。アゴの下に下ろす究極のインサイドイン

POINT 4

タオルがピンと張ったときが、最大に加速した状態。正しいリリースの順番でもある

POINT 5

フィニッシュでは左肩から首にタオルが巻きつくように

効果1 左リードを覚える

YES

インパクトからフォローで、タオルがピンと1本に張るように振る。これが左リードで振っている証拠。左耳で音を聞く

NO

左手1本で振っているのに、タオルが体に巻きつくのは、ダウンで左ひじが引けてしまっているから

効果2 ダウンの最短距離を覚える

YES

トップから切り返しでは、タオルが首に巻きついたまま。ダウンで首に巻きついた時間が長ければ長いほど、ヘッドがボールに最短で向かうダウンブローが身についた証拠。ここからスタートしてもいい

NO

ダウンは小さくフォローは長く、が左手1本素振りの基本。ダウンの途中でタオルが1本になるのはアーリーリリースの証拠

タオルを左手1本で振る効果

効果3 “間”としなりを感じる

切り返して手が下がっても、タオルはまだ首に巻きついている。体は上からではなく、下から動けばそうなる。この時間が“間”。手が体の真正面にきたところから、遅れてきたタオルが手を追い抜いていく

YES

NO

フォローで腕だけが先行、タオルの結び目（ヘッド）が追い抜いていかない。しなりのないスウィング

カベを使ってダウンブロー、アプローチを磨く

タオルを使えば、家のなかでも練習ができる。特にカベを使った練習は、いろんな効果が期待できる

遠回りするドアスウィングの矯正

右肩をカベに向けるよう、50センチほど離れて立つ。ダウンで手はもちろん、タオルがカベに当たらないよう振る。クラブが遠回りし、ドアスウィングが矯正される

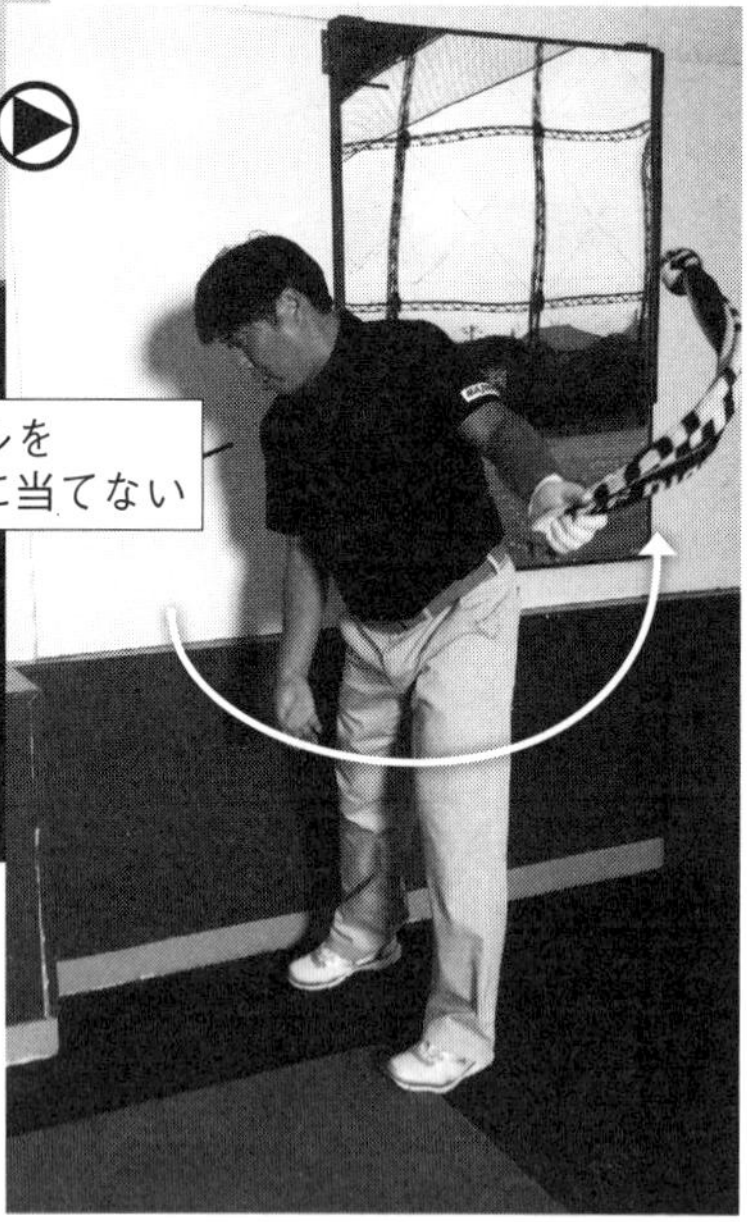

ドアスウィングとは、クラブが遠回りするスウィングのこと。タオルがカベに当たらないダウンブローの反対のスウィングのこと。理想のダウンスウィングは上がった道より、近道で下りてくる

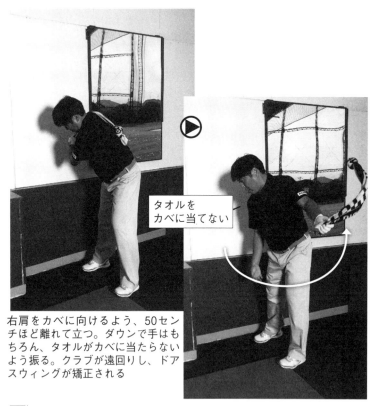

カベを背にタオルを振る

YES

写真はクラブを使っているが、家でやる場合にはタオルを使う。ダウンでカベに当てないよう振ることでダウンブローとアプローチの縦振り感覚が身につく

NO

アウトサイドに引きすぎたテークバック

カベと正対してタオルを振る

YES

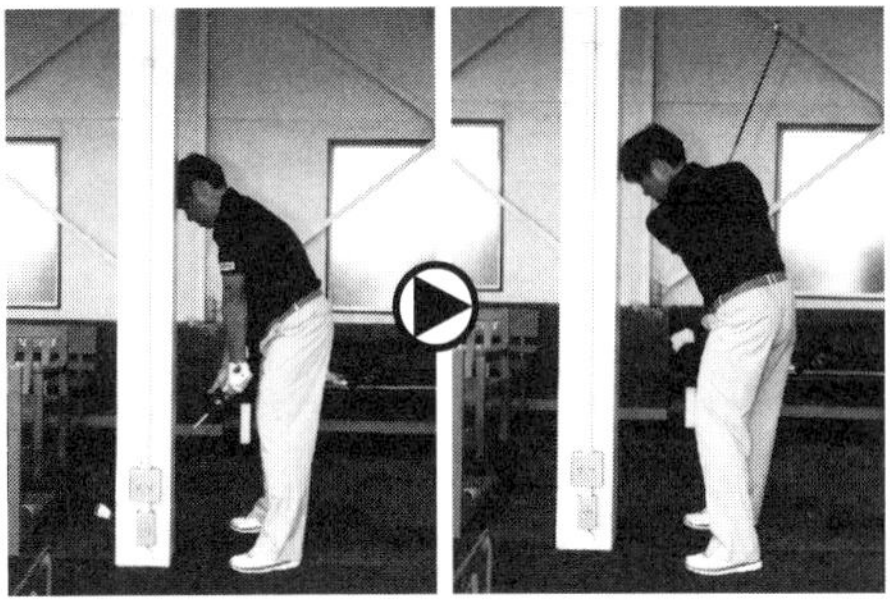

今度はカベと正対し、バックスウィングの上げ方を身につける。アプローチのテークバックの練習になる。これもタオルでやること

NO

手が浮き上がってカベに当たるドアスウィング。当たらないようになるまでタオルで練習

究極の技「しぼり」を、タオルを使って身につける

荒川先生から教わった技術に、「しぼり」があります。まだまだ私が完全に理解し、習得したとはいえませんが、私のできる範囲でみなさんに少し説明しておきましょう。

荒川先生は合氣道をはじめとして、日本に伝わる古武道や伝統芸能を学び、その知恵と方法によって野球選手を育てた指導者でした。そうした野球へのアプローチは実に独創的なもので、生前の先生の言葉を借りれば「荒川は気が触れた」と周囲からいわれたこともあったそうです。そうしたなかで先生が発見した古武道や古典芸術に共通する技術が**「しぼり」**でした。

さて、この「しぼり」を私なりに解釈すると、**人間の体を効率的に使って、より大きなエネルギーと力を発揮する技術**だと考えます。

一般によくいわれる「柔よく剛を制す」とは、しぼりの技術があってこそのものではないでしょうか。

合氣道で相手を投げ倒すのも「しぼり」なら、剣豪が一瞬にして斬るのも「しぼり」で、バットにボールが当たる瞬間に「しぼり」、ヘッドを走らせてより遠くにボールを飛ばしたのが王貞治選手でした。

さて、この「しぼり」の動きを言葉で説明すると、ゴルフでいうならインパクトの瞬間、

右手と左手をそれぞれ内側にしぼる、ということになるのでしょうか。ただし、これが正確な表現かどうか、荒川先生のおっしゃっていた真意であるかどうかは、まだ私にはわかりません。

自分でしぼるのではなく、勝手にしぼれるのが「しぼり」

というのも荒川先生は

「自分でしぼるのではなく、勝手にしぼれるのが本当のしぼり」

と、なんだか禅問答のようなことをおっしゃっていたからです。つまり単に体の動きを言葉で説明しても、身につくものではないとおっしゃりたかったのでしょう。

しかしながら、より大きなエネルギーを出す技術であるなら、なんとかして身につけたいと思うのは私だけではないでしょう。

そこで私なりに、ゴルフスウィングに必要な「しぼり」に近づく方法を考えてみました。いまも実践しているその方法を次ページから紹介します。

荒川先生の教えは引き継がれている

クラブの先につけたタオルを、「しぼり」で真っ直ぐに飛ばす

私の考え出した「しぼり」を身につける方法は、まずクラブのヘッド側を持ち、グリップ側に少し濡らしたタオルをかけます。フェースタオルか、おしぼりくらいの大きさがいいでしょう。

その状態でアドレスして、あとは前にタオルを飛ばすだけです。**これが腰の高さぐらいでビュンと真っ直ぐに前に飛んだとき、「しぼり」ができたのではないかと思っています。**

これは試してみるとわかりますが、力任せに振ったり、あるいは小手先で飛ばそうとしても、タオルはクラブに絡みついたままか、あるいは天井に向かって飛んだりしてしまいます。真っ直ぐに飛ばすことが「しぼり」だとするなら、「しぼり」は力や小手先でできる技術ではないことになります。

荒川先生は王貞治さんらの指導に、藁《わら》の束を日本刀で斬らせたそうです。右利きの場合、右斜め上から左下に斬るのですが、このとき、なかなか斬れない選手に向かって、「右の耳を削ぎ落とすつもりで」と指導されたと聞きました。つまりダウンブローです。そして一瞬にして斬れたときこそが、しぼれたというわけです。自分でしぼるのではなく、勝手に

しぼれるとは、そういうことでしょう。

ちなみに日本刀は、「切っ先三寸で斬る」とも教えていただきました。切っ先とは日本刀の先っぽの約10センチほどの部分です。ゴルフのクラブにたとえればヘッドにあたる部分。つまり「しぼり」ができると、切っ先（ヘッド）が走り、とてつもないパワーを生み出すということでしょう。

力任せに斬ろうとしたり「しぼって」は、日本刀は藁の束に食い込み、刃こぼれしたり折れたりしたとも聞きました。

臍下丹田に意識を集め、窮屈を恐れずに振り抜く

では、力ではなく、小手先の技術でないとしたら、いったいどうしたら「しぼり」はできるのでしょうか。

荒川先生は「氣で打て。ヘソで打て」とおっしゃいましたが、タオルを真っ直ぐ飛ばせるようになって、その意味が少しだけわかった気もします。臍下丹田に意識を集め、ヘソでスウィングをコントロールし、少し窮屈さを感じながら、それを〝ちょっと〟我慢して、できるだけ体の近くでクラブを振ります。アゴの下よりもちょっと内側に、インサイドインの軌道です。

そうすることで、結果として「しぼり」ができるような気がします。

いずれにせよ「しぼり」は、体をより効率的に使い、想像以上の力を発揮する究極の技術です。次ページを参考に、みなさんも挑戦してみてください。

「こねる」は小手先、「しぼる」はヘソで！

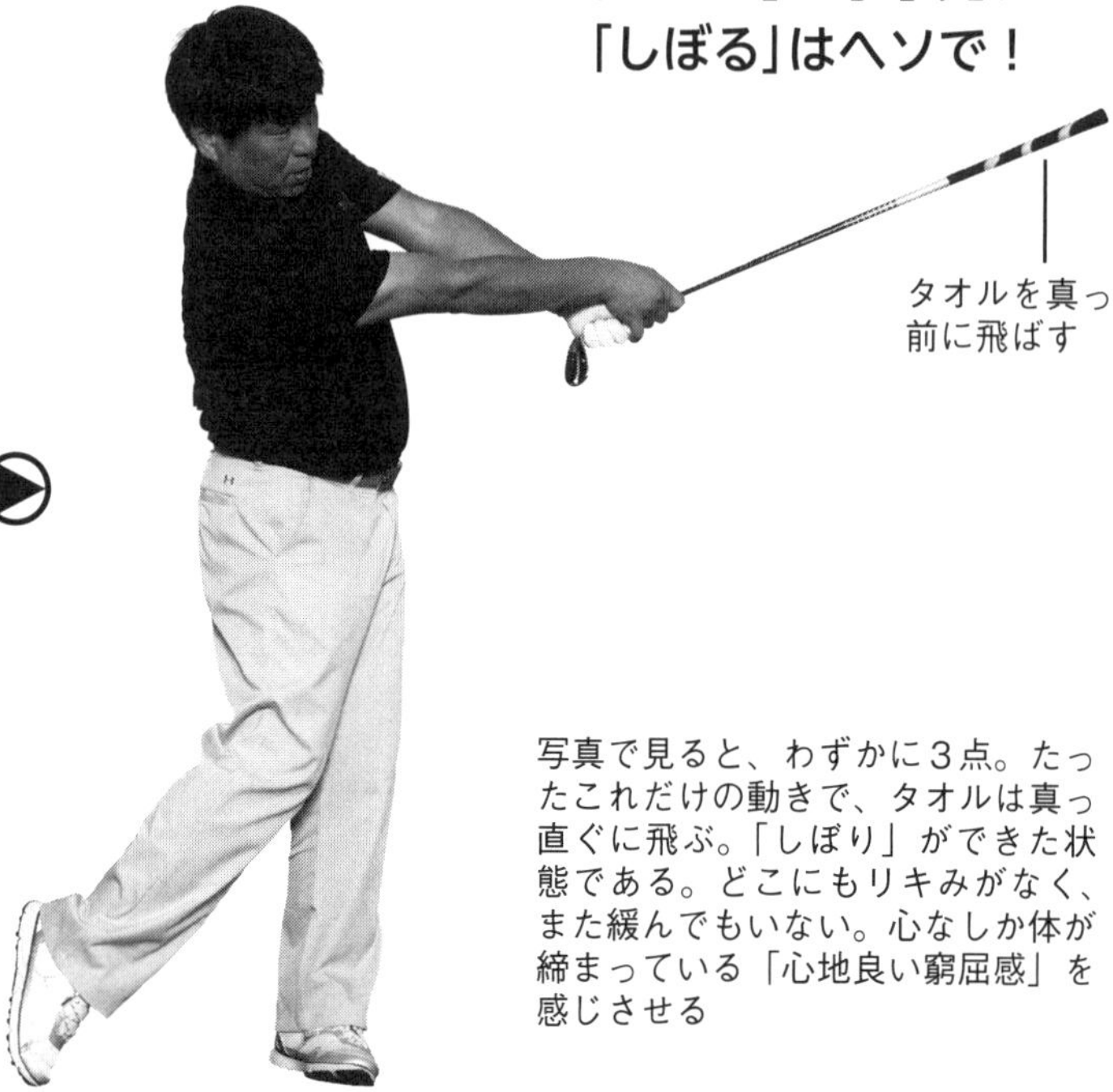

タオルを真っ直ぐ前に飛ばす

写真で見ると、わずかに3点。たったこれだけの動きで、タオルは真っ直ぐに飛ぶ。「しぼり」ができた状態である。どこにもリキみがなく、また緩んでもいない。心なしか体が締まっている「心地良い窮屈感」を感じさせる

NO

小手先でこねて、力で飛ばそうと思っても、タオルはクラブに巻きついたまま離れない。ダウンで左脇が開き、クラブが遠回りしていることも一目瞭然。「しぼり」がないから、クラブヘッドが走らない

「しぼり」で飛ばした形をつくる

YES

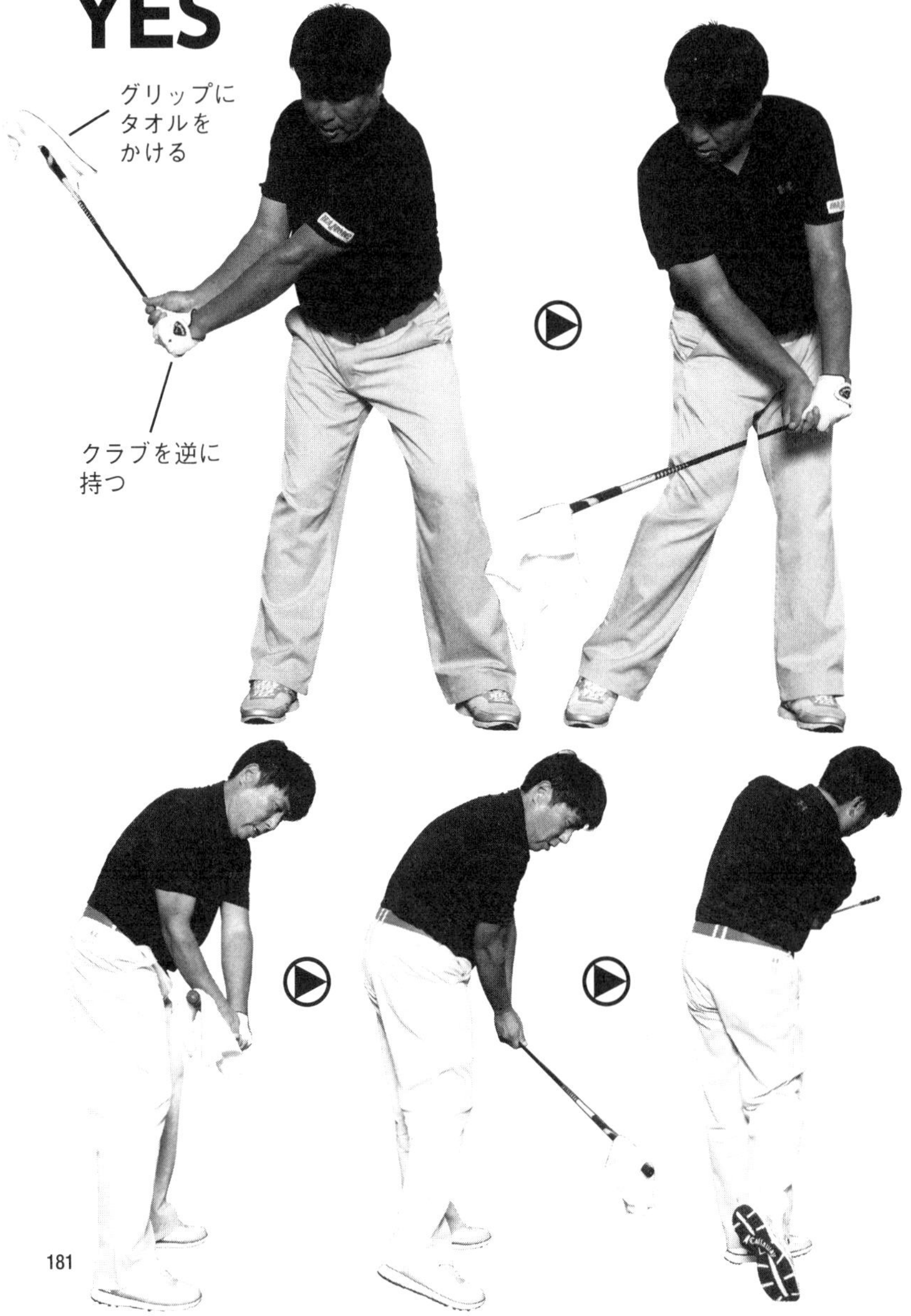

右手と左手の兄弟喧嘩は、クロスハンドで仲直り

基本的にスウィング中は、体の中心に腕とクラブがあるべきです。ところがアマチュアの方の多くは、スウィングのどこかで腕とクラブが体の中心から外れてしまい、体とクラブが同調していません。

さて、その原因のひとつが、右手と左手が喧嘩していることです。

スウィングは左サイド中心といわれますが、右利きの人はどうしても右手のほうが強いものです。そのためどうしても右サイドがかぶったり、左サイドのカベができなかったり、ということが起きるのでしょう。

ちなみに名手といわれる選手には、左利き右打ちが多いものです。ベン・ホーガンにはじまりジャック・ニクラウスやトム・ワトソン、岡本綾子《おかもとあやこ》、最近ではジョーダン・スピースがそうだとされています。逆にフィル・ミケルソンは右利きでしたが、真正面から見て父親のマネをしてレフティになりました。

それはともかく、**右手と左手の喧嘩を止めるいい方法がクロスハンドです。**こうすることで左手が長く使え、ダウンでひじが折れませんから、常に両腕が体の中心にあることになります。また左手甲で右手を押す左サイドリードの感覚も身につき、さらには左手甲がフェース面の意識も高めてくれます。

体とクラブが同調するクロスハンド

常に腕が体の中心にあることを確認。腕や手の力を抜けば、おかしな場所に動かないのもクロスハンドの大きなメリット。どのポジションでも両親指は同じ方向を向く。向きが左右ちぐはぐは兄弟喧嘩で「こねた」状態

打ち終わったら歩き出して、体とクラブを同調させる

実際にボールを打って、クラブと体を同調させる方法です。

みなさんはプロが深いラフからボールを打ったとき、打ち終わった瞬間に歩き出す光景を見たことはないでしょうか。

腕とクラブは体のセンターになければ、深いラフの抵抗に負けないパワーは引き出せません。つまり、体と腕、クラブが同調しているからこそできるのです。

プロたちも調子が悪くなると、どうしても体とクラブの動きがバラバラになります。そんなとき、打ち終わったらすぐに右足を出して歩き出す練習をさせています。

独特なフィッシャーマンスウィングで、一躍、世界的に有名になったのがチェ・ホソン選手です。

彼の個性的なスウィングは、まさに「クセも技」といえる技術ですが、しかしそこには目を見張る技術があります。それはトップの切り返しからは、常に腕とクラブが体の正面にあることで、だからこそ打ち終わって右足を前に出したり、左足を引いて跳ねたり、といった芸当ができるのです。

もちろん、このマネをしろとはいいませんが、常に体の中心に腕とクラブがあることだけは見習いたいものです。

打ち終わったら歩き出せるか

1

2

打ち終わってすぐに右足が前に出るのは、体とクラブの動きが同調しているから。いわゆるダウンスウィングでの右ひざの外回りとは違う

3

右足を前に出さなくても、打ち終わって右足を上げ、ポンと地面を蹴るのも、プロたちによくやらせる練習。体とクラブの同調だけではなく、上体からリキみが消えている証拠でもある

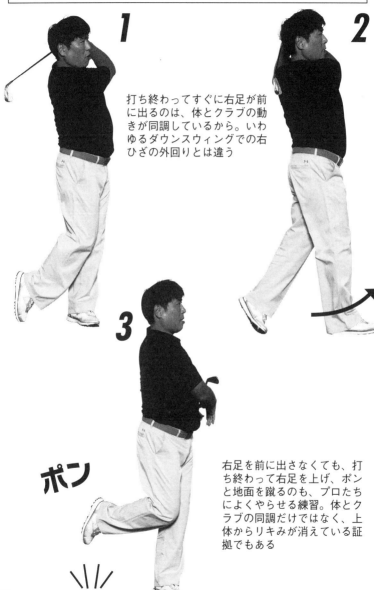

アプローチはゴミをゴミ箱に放るような縦振り

グリーン周りのアプローチには、いろんな打ち方がありますし、状況にあわせて打つ必要があります。

ただロブやバンカーの目玉など特別な状況を除けば、私には選手たちに守ってほしい約束があります。

①窮屈に思うくらいボールの近くに立ち、手を使わない構えをつくる。

②その状態で縦に振る。

③フォローは打ち出したボールと同じスピードで出す。

④打ち終わったらヘソをターゲット方向に。

このわずか4つです。

グリーン周りのアプローチはパッティングの延長です。ならば近くに立って真っ直ぐに引いて真っ直ぐに下ろします。そうすることで、インパクトが点から線になり、少し打点がズレても狙った方向に運びやすくなります。窮屈に構えることで、体の向きも変わりにくくなります。ちょうどゴミをゴミ箱に下手《したて》で投げるようなイメージがいいでしょう。

ボールと同じスピードでフォローを出す、右腰を押してヘソをターゲットに向けるのは、しっかりとスピンの効いたボールを打つためです。さて、この4つができて初めて特殊な打ち方が要求されるのです。

YES

できるだけ ボールの近くに 立って縦振り

“ちょっと”我慢した窮屈な構えが、
確率の高いアプローチを生む

NO

横振りは インパクトが 線ではなく点になる

横振りはインパクトが“点”になり、
わずかなミスヒットが大きなミスに

下手でゴミをゴミ箱に 投げるイメージ

そこにあるゴミ箱に、そっ
とゴミを投げるときを思い
出してみよう

呼吸力で打つ手足一体の間

さて、私が最近、選手たちに伝えていることで、この本の最後としましょう。

それは**「呼吸力で打て」**というものです。

具体的にはインパクトで「タン」と声を出させます。腹から「タン」と大きな声です。

これが呼吸力です。

掛け声こそ違いますが、剣道で相手の面に打ち込む姿を想像してみましょう。「メン」の掛け声と同時に打ち込んでいます。ひと呼吸、ひと声での打ち込みです。

トップからインパクトは、まさにこのひと呼吸、ひと声の「タン」で打ちます。

荒川先生に教わったことですが、これを「手足一体の間」と呼ぶそうです。

そしてこの手足一体の間ができれば、ボールに重みが乗ります。つまりエネルギーを最大限に出し、効率よくボールに伝える打ち方になるというわけです。

リズムをとって「タンタン」でも「タ、タン」でも手足一体の間にはならず、振り遅れてしまいます。また、最初はなかなか声とインパクトがあいません。それは飛ばない理由、曲がる理由でもあるのです。

論より結果。だまされたと思って試してみてください。

YES 右足と腕が一緒に出る手足一体の間

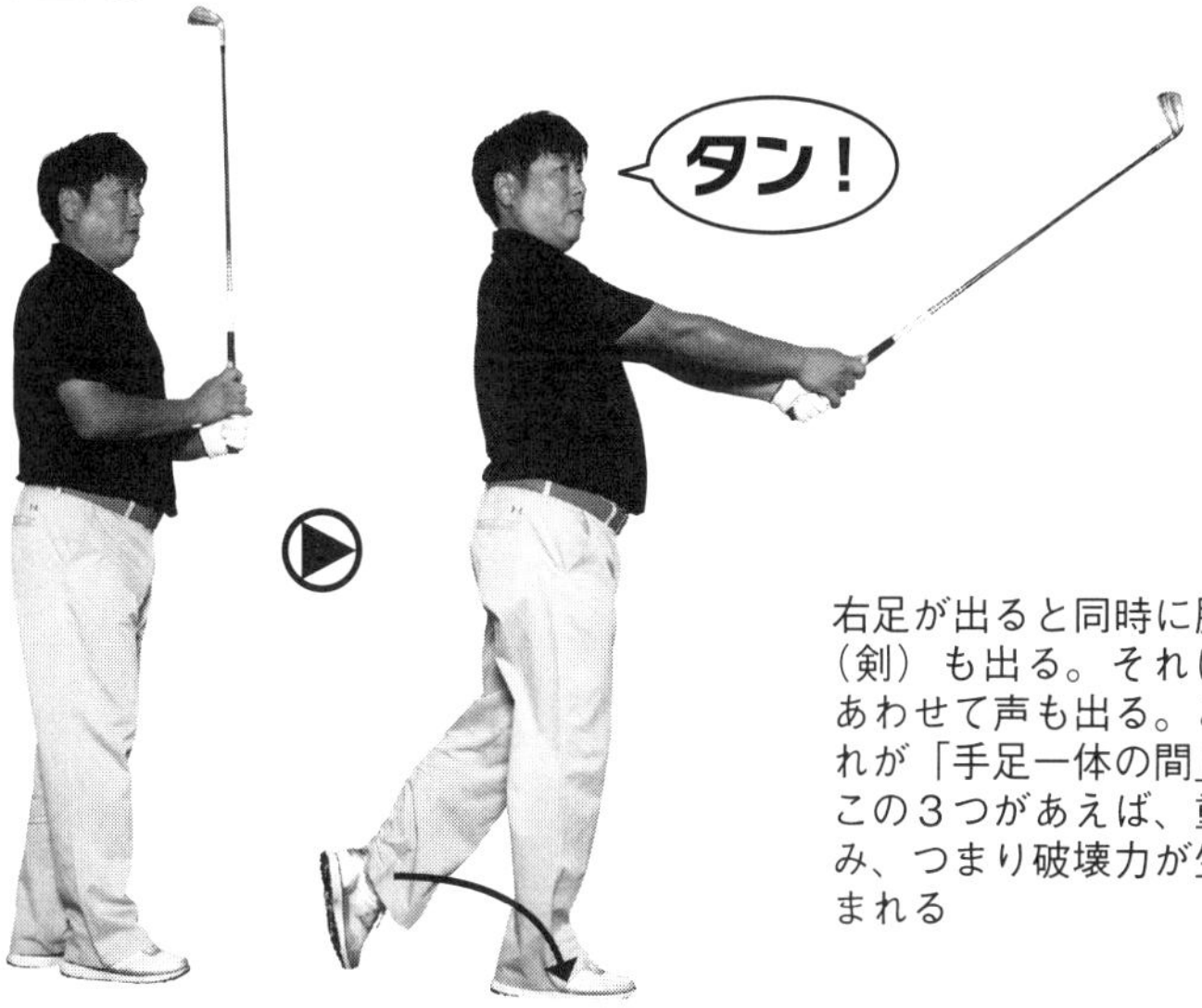

右足が出ると同時に腕（剣）も出る。それにあわせて声も出る。これが「手足一体の間」。この3つがあえば、重み、つまり破壊力が生まれる

NO 振り遅れとは、間のない“間抜け”のことである

右足が出ているのに、まだ腕が下りてこない

右足が出ているのに、腕はまだ振りかぶっている

おわりに

さて、この本では私が選手たちと一緒に考えていること、一緒にやっていること、また私が伝えている考えを書かせてもらいました。他のレッスン書とは違い、「腕はこう使いなさい」「クラブはこう動かしなさい」といった具体的なアドバイスが少なく、正直、みなさんの期待に応えられたか、またお役に立てたかどうか心配でなりません。

ただ、そうした具体的に見えるアドバイスも、ある人には良薬になったとしても、ある人には毒薬になることもあります。

そこで本書では、誰がやってもいいと思われる、やれば必ず結果につながる考え方やメソッドだけを集めたつもりです。少なくとも選手たちの結果につながったものを集めてみました。

また、誰にでも伝わるように、ボール1個をゴルフのモノサシとしています。

最近、選手がスマホでスウィング動画を送ってきては、アドバイスを求めることが多いのですが、感覚的な言葉だけで伝えるのは困難です。この手法は、そんなところから生まれたものでした。

いずれにしてもボール1個で、ゴルフはず

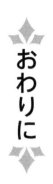

いぶんと変わります。そのことに気づいていただけるだけで十分です。

さて、話は変わりますが、この本の執筆中に、指導している小祝さくらプロがサマンサタバサトーナメントで初優勝を飾りました。アマチュア時代から含めて3年目、彼女に教えたのは素振りとランニング、そしてボールの近くに立つ〝ちょっとだけ窮屈な構え〟です。

高校時代のスウィングと比べると、体はふた回り大きくなり、またボールの近くに立ったスウィングは迫力あるものに成長してきました。特別なことではない〝当たり前のことを当たり前に続ける〟ことの重要性を、あらためて彼女に教えてもらいました。なにしろ彼女は、優勝した夜も簡単な祝勝会の後、普段と同じように2キロのランニングに出かける選手なのです。

本書は、アマチュアのみなさんでもできる、ゴルフが上達するための当たり前のことを集めたつもりです。すぐに効果が出なくても、続ける勇気に期待しています。その姿勢だけは、小祝プロを見習ってください。

最後になりましたが本書の出版にあたり、河出書房新社の稲村光信さん、菊池企画の菊池真さん、取材、構成のほか、荒川博先生とのご縁をつくっていただきました大羽賢二さんに、心より感謝申し上げます。

辻村明志

辻村明志（つじむら　はるゆき）

◆プロフィール

１９７５年福岡県生まれ。女子プロ界では、「辻にぃ」といわれている。美人プロとして名をはせた、辻村明須香さんの実兄。２０１９年は上田桃子、小祝さくら、永井花奈、松森彩夏プロをはじめ、18年の日本女子アマ、日本ジュニア二冠の吉田優利選手のコーチをしている。現役時代の王貞治選手の一本足打法を作り上げた故・荒川博氏に師事し、ゴルフの指導に取り入れたことは有名。上田桃子プロは、その教えにもとづいて指導を受けている。

ゴルフ　トッププロが信頼《しんらい》する！　カリスマコーチが教《おし》える本当《ほんとう》に強《つよ》くなる基本《きほん》

二〇一九年一〇月二〇日　初版印刷
二〇一九年一〇月三〇日　初版発行

著　者……辻村明志

発行者……小野寺優

発行所……株式会社河出書房新社
〒一五一－〇〇五一　東京都渋谷区千駄ヶ谷二－三二－二
電話〇三－三四〇四－一二〇一（営業）〇三－三四〇四－八六一一（編集）
http://www.kawade.co.jp/

構成……大羽賢二
撮影……大澤進二
協力……上田桃子、小祝さくら、永井花奈、松森彩夏、丸山ゴルフセンター（千葉県船橋市）、サマンサタバサガールズコレクション・レディーストーナメント、MCPR
装丁・本文デザイン・DTP……原沢もも
編集……菊池企画
企画プロデュース……菊池　真

印刷・製本……三松堂株式会社

Printed in Japan　ISBN978-4-309-28756-0